COMPTE-RENDU DE LA DEUXIÈME SESSION

DU

CONGRÈS

DES

SOCIÉTÉS SAVANTES

SAVOISIENNES

TENU A ANNECY LES 25 & 26 AOUT 1879

COMPTE-RENDU

DE LA DEUXIÈME SESSION

DU

CONGRÈS

DES

SOCIÉTÉS SAVANTES

SAVOISIENNES

TENU A ANNECY LES 25 & 26 AOUT 1879

ANNECY

IMPRIMERIE AIMÉ PERRISSIN

—

1880

COMPTE-RENDU

DE LA DEUXIÈME SESSION

DU

CONGRÈS DES SOCIÉTÉS SAVANTES

SAVOISIENNES

TENU A ANNECY LES 25 ET 26 AOUT 1879

———

L'ouverture du second congrès a eu lieu à Annecy, le 25 août, à 2 heures de l'après-midi, dans les salons de l'Hôtel-de-Ville.

M. Camille Dunant, assisté du bureau de la Société Florimontane, déclare le congrès ouvert, et souhaite la bienvenue à l'honorable assemblée. On procède ensuite à l'élection du bureau.

M. Louis Pillet est élu président.

Quoique l'article 4 du règlement ne parle que d'un seul vice-président, l'assemblée consultée opine à la nomination de deux vice-présidents, comme cela s'est pratiqué, l'année passée, au congrès de Saint-Jean-de-Maurienne.

MM. C. Dunant et J. Philippe ont été élus vice-présidents.

2

Le secrétaire général de la présente session, M. Louis Revon, étant absent pour cause de maladie, l'assemblée désireuse de lui témoigner sa satisfaction pour le zèle qu'il a déployé dans les préparatifs du congrès, le maintient comme son secrétaire, et procède à l'élection de deux secrétaires-adjoints chargés de la rédaction du compte-rendu.

MM. Constantin et Ducis sont nommés secrétaires.

M. L. Pillet remercie le congrès de l'honneur qui vient de lui être fait, et donne lecture des questions à l'ordre du jour.

L'article 2 du règlement rédigé à Chambéry, le 14 février 1878, porte : « Le congrès ne pourra avoir « lieu deux fois de suite dans la même ville. »

L'Académie de la Val d'Isère propose de supprimer cet article, et de lui substituer le suivant :

« L'Académie de Savoie (Chambéry),

« La Société Florimontane (Annecy),

« La Société savoisienne d'histoire et d'archéologie (Chambéry),

« La Société d'histoire et d'archéologie de Saint-Jean-de-Maurienne,

« La Société médicale de Chambéry,

« L'Académie de la Val d'Isère (Moûtiers),

« La Société d'histoire naturelle de Chambéry,

« La Société académique d'Albertville,

« La Société d'agriculture de Chambéry,

« Le Club alpin savoyard,

« seront successivement et dans l'ordre énoncé, char-« gés de la tenue de congrès annuels. »

Après quelques observations présentées par diffé-

rents membres, l'assemblée s'est rangée à l'avis de son
Président de s'en tenir à l'article 2 du règlement, qui
laisse toute latitude pour suivre l'ordre exposé ci-
dessus ou pour s'en écarter, suivant les circonstances
locales, suivant la formation de nouvelles sociétés ou
la dissolution de celles qui existent, d'autant plus que
l'esprit d'entente et de confraternité de nos différentes
sociétés est le plus sûr garant d'une prompte solution
des difficultés qui pourraient surgir.

L'Académie de la Val d'Isère proposait en outre
d'ajouter à l'article 6 du règlement la clause suivante :

« La parole ne sera jamais laissée à un orateur plus
« de vingt minutes, soit pour lectures, soit pour com-
« munications verbales. » (Voir *Revue savoisienne,*
mai 1879.)

Pour obvier aux inconvénients qu'elle voyait dans
l'adoption d'une pareille mesure, la Société savoisienne
d'histoire et d'archéologie avait présenté une contre-
proposition ; c'était de former deux sections, l'une pour
les sciences, l'autre pour les lettres.

-Ces deux propositions ne furent pas même discutées,
parce que les notes prises, avant la séance, sur la durée
probable de chaque communication, établissaient que
toutes les lectures pouvaient se faire le même jour,
sans qu'on fût obligé de recourir à l'une ou à l'autre
des mesures proposées.

Il restait deux autres propositions à examiner, l'une
de M. Constantin et l'autre de M. Revon. Le premier
demandait que, si le congrès limitait la durée des lectures, il accordât à chaque conférencier le droit de
faire paraître son mémoire *in extenso* dans le Compte-

rendu, avec tous les développements que son sujet pouvait comporter.

M. Revon, avec l'assentiment de la Société Florimontane, proposait de publier toutes les communications *in extenso* dans la *Revue savoisienne*, avant de les faire paraître en volume. Les auteurs, après avoir revu eux-mêmes les épreuves, posséderaient ainsi un texte corrigé, qu'ils auraient encore le loisir de réviser avant le tirage à part.

Après un court échange d'idées, il est arrêté, à titre d'essai, que les communications qui ne dépassent pas cinq colonnes de la *Revue,* paraîtront en entier, et que le comité de rédaction se réserve sa liberté d'action pour les mémoires plus étendus.

Les questions à l'ordre du jour étant épuisées, la séance a été levée à trois heures trois quarts, et les assistants se sont hâtés de gagner le bateau à vapeur qui devait les conduire à Talloires.

L'*Allobroge* fit de son mieux les honneurs du lac, son domaine : il prit les points de vue qui en faisaient le plus avantageusement ressortir les beautés, et évolua devant le Roselet, le château de Duingt et dans la baie de Talloires.

M. Poulet, maire de Talloires, reçut gracieusement le congrès au débarcadère, et le conduisit à l'Abbaye où eut lieu le banquet, dans le réfectoire même des anciens Bénédictins. A la fin du dîner, des toasts pleins de traits d'esprit et de cordiales aménités, furent successivement portés par M. L. Pillet — auquel répondit non moins spirituellement M. le sénateur Chaumontel — par MM. J. Vuy,

P. Tochon, J. Carret, Loustau et le docteur Dénarié.

A huit heures et un quart, on quitta le réfectoire pour aller prendre le café sous la treille, doublement éclairée par la lune et les lanternes vénitiennes. Pendant ce temps, la Fanfare municipale qui avait bien voulu prêter son concours pour fêter nos hôtes, jouait, aux applaudissements de tous, les meilleurs morceaux de son répertoire.

A neuf heures et demie, l'*Allobroge* reprend ses passagers pour les ramener à Annecy. Les boîtes donnent le signal du départ, et la Fanfare répond aux acclamations venant de l'Abbaye. En ce moment, la baie de Talloires présentait un superbe coup d'œil: l'Abbaye et le château de Duingt étaient éclairés par des feux de bengale et par la lune à demi-voilée; sur le versant des collines restées dans l'ombre, des feux scintillaient de loin en loin.

L'entrée du pyroscaphe au port s'effectua presque dans les mêmes conditions que le départ de Talloires : feu de joie sur les rocs de La Puya, feux de bengale sur l'île des Cygnes et musique à bord.

Ainsi se termina la première journée du congrès.

Le lendemain, à huit heures, conférence publique de M. Tochon, sur le phylloxera.

De neuf heures à onze heures et demie, ont successivement pris la parole MM. Bouchage, J. Vuy, baron de Ponnat, Perrin et Ducis.

A la suite de la communication du baron de Ponnat, quelques observations ont été présentées par MM. les abbés Ducis, Brand, Tremey et M. J. Vuy. M. Ducis, entre autres, fait observer que s'il avait pu prévoir, qu'en annonçant une communication sur l'*Origine du nom actuel de Saint-Julien-de-Maurienne,* M. le baron parlerait de la légion Thébaine pour en révoquer en doute le massacre, il aurait préparé les matériaux qu'il a collectionnés sur cette question. Il ajoute qu'il serait en état de réfuter complètement l'hypothèse de M. le baron de Ponnat.

M. le Président invite M. Ducis à présenter son mémoire au prochain congrès ; ce qui est accepté.

Avant de lever la séance, M. le Président propose de procéder à la désignation du lieu de la session de 1880. Il annonce en même temps que l'Académie de Savoie est toute disposée à recevoir le congrès, l'année prochaine, si aucune autre Société ne revendique cet honneur.

M. Jules Carret dit que plusieurs des Sociétés de Chambéry seraient désireuses de recevoir à leur tour le congrès, mais qu'elles seraient, vu l'état de leurs finances, dans l'impossibilité de le faire convenablement après l'Académie de Savoie. Il propose, en conséquence, d'associer les cinq Sociétés chambériennes pour la réception de 1880.

Après une courte discussion, cette proposition est approuvée. Chambéry est désigné pour le lieu de réunion du prochain congrès, qui sera fixé, autant que possible, aux premiers jours d'août, avant la clôture du lycée.

Pour préparer la session, le Président propose de nommer un secrétaire général, assisté de quatre secré-

taires adjoints choisis dans les quatre autres Sociétés.
Mais M. Carret ayant opposé le texte du règlement et
réclamé le scrutin secret pour l'élection d'un secrétaire
unique, M. Perrin est élu secrétaire, pour le congrès
de 1880, par 20 voix sur 25 votants.

Le Président explique que la résolution votée n'im-
plique point que Chambéry ne recevra le congrès
qu'une seule année, au nom de ses cinq Sociétés. Au contraire, le syndicat des Sociétés chambériennes pourra
se reconstituer chaque fois qu'une de ces Sociétés sera
appelée, par son tour de rôle, à recevoir le congrès.
Ce sera, autant que possible, tous les deux ans, en
conformité de la réforme proposée par l'Académie de la
Val d'Isère. Mais rien n'est préjugé pour l'avenir ;
chaque année, le congrès statuera pour la session suivante.

A deux heures, séance publique. A cette séance
prirent successivement la parole MM. Mottard, Florimond Truchet, J. Vuy, J. Philippe, Constantin, Duval, Pillet, Brasier, Tremey, Calligé et Brand.

M. Jules Vuy, en entendant M. Calligé lire des
vers, se souvint que lui aussi était poète, et de-
manda à M. le Président la permission de lire une
petite poésie [1]. Ce que ce savant et sympathique vieillard a su mettre d'âme et de suaves nuances dans cette
lecture, est chose impossible à dire. Aussi les applaudissements de la salle lui témoignèrent-ils combien
il avait charmé et touché son auditoire.

---

[1] M. Calligé a lu une ode intitulée *Les Gorges de la Diosaz*, et M. J.
Vuy a lu *Le Petit Boiteux*, qui fait partie de son volume de poésies
Nouveaux Echos des bords de l'Arve.

La séance publique fut levée à cinq heures.

A huit heures du soir eut lieu la conférence de M. J. Carret, qui tint pendant une heure et demie un nombreux auditoire sous le charme de sa parole aussi claire que facile.

Pour le Secrétaire général du congrès,
A. CONSTANTIN.

LISTE ALPHABÉTIQUE DES MEMBRES ET ADHÉRENTS DU CONGRÈS

MM. BALLEYDIER, avocat, à Paris.

BIANCO, avocat, à Annecy.

BLANCHARD Claudius, docteur en droit, à Chambéry.

BONNEFOY, notaire, à Sallanches.

BOUCHAGE, curé de Saint-Cassien (Savoie).

BOUCHET, trésorier de la Société Florimontane, à Annecy.

BRACHET François, à Albertville.

BRAND, vicaire, à Annecy-le-Vieux.

BRASIER Vincent, chanoine, à Annecy.

CALLIGÉ Alphonse, avocat, à Faverges.

CARRET Joseph, docteur, chirurgien en chef de l'Hôtel-Dieu de Chambéry.

CARRET Jules, docteur en médecine, à Chambéry.

CHATELAIN Maurice, à Faverges.

CHAUMONTEL, sénateur, à Annecy.

CHEVALIER Etienne, chanoine, à Annecy.

MM. Coche J.-M.-L., docteur en médecine, à Annecy.

Constantin Aimé, vice-président de la Société Florimontane, à Annecy.

Dagand, docteur en médecine, à Alby.

Dénarié Eugène, architecte, à Annecy.

Dénarié, docteur, président de la Société médicale de Chambéry.

Despine A., étudiant en médecine, Annecy.

Despine B., étudiant en médecine, Annecy.

Ducis (l'abbé), vice-président de la Société Florimontane, à Annecy.

Duparc Louis, avocat, à Annecy.

Dunant Camille, président de la Société Florimontane, à Annecy.

Duval César, pharmacien, à Saint-Julien.

Girod Louis, avocat, à Annecy.

Henri Paul, pharmacien, à Annecy.

Jugeat, avocat, à Grenoble.

Loche (comte de), à Grésy-sur-Aix.

Loustau, ingénieur, à Crépy-en-Valois (Oise).

Mangé, architecte de la ville d'Annecy.

Mareschal de Luciane (de), à Billième (Savoie).

Menn, sculpteur, à Genève.

Mercier, chanoine, curé de St-Maurice d'Annecy.

Mermillod Francisque, garde-mines, à Annecy.

Moron Camille, ingénieur des ponts et chaussées, à Annecy.

Mottard, docteur en médecine, président de la Société d'histoire et d'archéologie de Saint-Jean-de-Maurienne.

MM. NANCHE Isidore, dentiste, à Annecy.

NEYRET, médecin, à Faverges.

PECCOUD Francis, à Annecy.

PERRIER DE LA BATHIE, professeur départemental d'agriculture, à Albertville.

PERRIN André, libraire, à Chambéry.

PHILIPPE Jules, député, à Annecy.

PILLET Louis, vice-président de l'Académie de Savoie, à Chambéry.

PILLET Antoine, avocat, à Grenoble.

PONNAT (baron de), bibliothécaire de la Société savoisienne d'histoire et d'archéologie, Chambéry.

POULET Baptistin, maire de Talloires.

RACT-MADOUX, ingénieur, à Annecy.

REVON Louis, conservateur du Musée d'Annecy.

RICHARD, avocat, à Annecy.

RITZ Jean, directeur de la Société chorale d'Annecy.

RUPHY Gustave, conseiller de préfecture, à Annecy.

SERAND Eloi, archiviste-adjoint, à Annecy.

THONION, médecin, à Annecy.

TISSOT Eugène, ingénieur, à Annecy.

TOCHON Pierre, président de la Société d'agriculture, à Chambéry.

TREMEY (l'abbé), à Moûtiers.

TRUCHET Florimond, pharmacien, à Saint-Jean-de-Maurienne.

TRUCHET Saturnin, chanoine, à Saint-Jean-de-Maurienne.

MM. Viallet, docteur, à Rodez (Aveyron).

Vulliermet, imprimeur, à Saint-Jean-de-Maurienne.

Vuy Jules, notaire, ancien président de la Cour de cassation du canton de Genève.

DISCOURS D'OUVERTURE

PRONONCÉ

Par M. Camille Dunant

Messieurs,

Je suis très heureux de vous souhaiter la bienvenue, au nom de la Société Florimontane. Des circonstances indépendantes de notre volonté nous ont obligés, à notre grand regret, de décliner l'honneur d'inaugurer le premier Congrès des sociétés savantes de la Savoie. L'Académie de l'antique et patriotique cité de Saint-Jean-de-Maurienne nous a remplacés avantageusement dans cette tâche honorable. Elle s'en est acquittée avec un zèle, un dévouement, qui a laissé les meilleurs souvenirs.

Vous voudrez bien, Messieurs, nous excuser si, nous écartant de la voie qui nous a été brillamment ouverte, nous vous recevons avec une simplicité préhistorique.

Il y a peu de jours, la ville d'Annecy était en liesse.

Les derniers restes de ses vieilles fortifications ont failli s'écrouler, comme les murs de Jéricho, devant les fanfares de 3,000 musiciens. Nos yeux sont encore éblouis de l'éclat de leurs bannières couronnées de médailles d'or, des feux d'une illumination vénitienne embrasant de ses reflets mystérieux notre lac et ses rives.

Il nous était difficile après cette fête splendide, de vous en donner une qui fût digne de vous. Au reste, nous aimons à nous persuader que vous préférez à des manifestations trop bruyantes, un accueil calme et sympathique et la tranquillité qui convient aux travaux de l'esprit.

Est-ce à dire, Messieurs, que vous fuyez la publicité, et que vous pensez faire de vos séances un champ clos où les sociétaires seraient seuls admis aux joutes courtoises de l'intelligence? Non, Messieurs! Plus larges, plus étendues sont vos visées. Vous n'avez pas seulement voulu créer une noble émulation entre les diverses sociétés littéraires et scientifiques de la Savoie, vous avez aussi la généreuse ambition de travailler à répandre autour de vous le goût des arts, des lettres et des sciences.

De là ces assises que vous vous proposez de tenir, chaque année, sur divers points de la Savoie. De là vos séances publiques, gratuites, mais non obligatoires, dans lesquelles seront lues les études qui seront de nature à intéresser la généralité des auditeurs. De là ces conférences faites par des hommes compétents, sur des questions pratiques et vitales pour le pays.

Jamais on n'a tant exalté la science. Bien des gens

qui ne la connaissent guère que de réputation, l'adorent comme une divinité qui doit régénérer notre vieux monde, quelque peu délabré. Partout on proclame ses bienfaits et les immenses services qu'elle doit rendre prochainement à l'humanité, toujours un peu besoigneuse, toujours un peu souffrante en dépit de tous les docteurs qui ont tenté jusqu'à présent de la guérir de ses maux.

Si la science ne nous guérit pas de toutes nos infirmités, elle en diminue le nombre, elle les soulage, et nous console. Malheureusement elle manque d'apôtres pour propager son culte. Les vrais dévots scientifiques sont rares, les fidèles sont tièdes ou indifférents. On aime en général la science d'un amour tout platonique, et dans un âge avancé. Le torrent de la politique et des passions entraîne les jeunes esprits loin des retraites paisibles où vous voudriez les attirer, et que l'étude réclame pour être féconde. Il est vrai que les hauts sommets des lettres et des sciences sont d'un accès difficile, qu'il n'est donné qu'à des natures d'élite de les affronter et de jouir des vastes horizons qu'elles présentent ; mais les premières pentes sont plus accessibles, et les jouissances intimes réservées à ceux qui les gravissent, sont grandes encore. Pourquoi faut-il que nous ne songions à faire cette charmante et utile excursion qu'au moment de notre dernière ascension vers un monde meilleur ?

Nous avons le bonheur de vivre dans une contrée privilégiée, sous bien des rapports. Il en est peu qui offrent des sujets d'étude plus variés, plus attrayants que notre chère patrie. Ils se succèdent comme les

chaînes de nos montagnes. Quelles riches moissons
pour le peintre, le poète, le naturaliste, l'historien
dans les différentes zones de nos Alpes, dans nos archives locales encore peu explorées! Nous devrions, ce
semble, être possédés du désir de pénétrer les secrets
du grand livre de la nature étalé sous nos yeux. La
couverture est tellement belle qu'on se contente de la
contempler, de l'admirer, sans chercher à lire les
pages intéressantes qu'elle renferme. Et cependant,
plus que les habitants des grandes villes, nous devrions demander à l'étude des distractions à la fois
amusantes et sérieuses. Nous n'avons pas comme eux
les ressources des grandes bibliothèques, des rapports
journaliers avec des hommes instruits, des cours publics périodiques, l'échange des idées au contact du
monde. Nous sommes souvent seuls en face de nous-
mêmes et de la nature. Mais nous avons le loisir de
penser, de réfléchir, qui leur fait quelquefois défaut.
Quel charme répandrait sur nos heures de solitude un
travail littéraire ou scientifique entrepris avec amour
et poursuivi avec persévérance! Nous serions ainsi
utiles à nous-mêmes et à notre pays. Une province,
comme une nation, ne compte, ne tient le rang qu'elle
doit occuper que lorsqu'elle possède un certain nombre
de citoyens honnêtes et éclairés.

Le passé nous a légué dans cet ordre d'idées de
beaux exemples à suivre. N'est-il pas merveilleux de
voir, dans une petite ville de la Savoie, deux hommes
illustres devancer leur siècle, fonder en 1607 une
Académie où l'on traitait les plus hautes questions
philosophiques et littéraires, où l'on donnait des cours

populaires aux « *braves maistres des arts honnestes,
comme peintres, sculpteurs, menuisiers, architectes
et semblables.* »

Quel enseignement pour nous tous!

La ville d'Annecy n'a pas, Messieurs, de monuments vraiment dignes de ce nom à offrir à votre cu-
riosité. Ses véritables monuments sont ses montagnes.
Mais si les œuvres de l'homme sont chez nous simples
de forme, pauvres d'ornements, elles sont riches de
souvenirs. Il est bien peu de constructions de quelque
importance qui n'aient été illustrées par une famille
ou par un homme célèbre dans nos annales. Ainsi, ce
vaste château sans faste dont les tours féodales s'élèvent au-dessus de notre cité, a été successivement ha-
bité par les comtes de Genève, dont la puissance ba-
lança un instant celle de la maison de Savoie et par les
ducs de Savoie-Nemours, ce brillant rameau détaché
de la tige de cette ancienne dynastie.

L'église de Saint-Maurice, qui était la nécropole de
la noblesse du Genevois, a été fondée par le cardinal de
Brogny, cardinal légat du pape au concile de Cons-
tance. Les voûtes de la Cathédrale ont retenti de la
parole éloquente de saint François de Sales. Dans la
maison forte des Monthoux du Barioz, devenue un
asile pour la vieillesse, le président Favre a rendu ses
oracles judiciaires. La tour du clocher de Notre-Dame,
véritable tour de Babel pour les archéologues qui ne
s'accordent ni sur son âge ni sur son style, a porté
l'étendard des *Grands pardons*, et sonné les glas fu-
nèbres de quelques comtes du Genevois et de toute la
famille des Nemours.

Il existe toutefois dans cet Hôtel de ville des collections dignes d'intérêt. Vous trouverez au Musée des poteries, des instruments exhumés de nos habitations lacustres, des restes de l'occupation romaine, des types des différentes races qui ont peuplé notre pays. A côté de la Bibliothèque publique est installée la Bibliothèque de la Société Florimontane, composée en grande partie de livres et de manuscrits relatifs à la Savoie. En présence de ces diverses collections vous pourrez constater, Messieurs, les résultats obtenus, en peu d'années, avec des ressources restreintes, par le concours de l'Administration et de la Société Florimontane, fécondé par le dévouement intelligent du Conservateur du Musée, que la maladie empêche malheureusement de prendre part à nos séances.

En terminant ce trop long entretien je fais des vœux, Messieurs, pour que l'oranger, emblême de la plus ancienne Académie de la Savoie, soit toujours verdoyant au sein de nos montagnes, qu'il soit un trait d'union entre toutes nos Sociétés, et qu'il donne, comme autrefois, des fleurs et des fruits : *Flores fructusque perennes.*

Académies, Sociétés archéologiques, Sociétés médicales, Sociétés d'agriculture, d'histoire naturelle, Société alpiniste, toutes si dignement représentées dans cette assemblée, serrons nos rangs sur le terrain neutralisé de la confraternité; unissons nos efforts, dans le noble but de concourir avec plus d'énergie et de succès à l'amélioration physique, intellectuelle et morale de notre pays. Etudions, divulguons ses richesses naturelles, ses titres historiques aussi beaux, aussi intéressants que ceux de beauconp de peuples plus considérables que le nôtre. Mieux nous connaîtrons notre pays, plus nous l'aimerons, et le ferons aimer et respecter.

L'amour s'élevant naturellement du sol natal à la grande patrie, aimer la Savoie, c'est aimer la France.

RAPPORT DES TRAVAUX

DE

L'ACADÉMIE DE SAVOIE

Par M. Louis Pillet

—

Je suis chargé par l'Académie de Savoie de vous présenter un rapport *sur ses travaux depuis la dernière session,* en conformité de l'article 5 du Règlement de nos concours.

J'ose dire que je suis fier d'avoir à mettre sous vos yeux un ensemble aussi satisfaisant, pour la courte période qui s'est écoulée depuis notre dernier Congrès, à Saint-Jean-de-Maurienne, en 1878.

L'Académie de Savoie a publié d'abord deux gros volumes de mémoires, les tomes v et vi de la 3e série.

Le tome v contient une *Etude historique sur la Révolution et l'Empire en Savoie : le général Dessaix, sa vie politique et militaire,* ouvrage commencé par Joseph Dessaix et terminé ou plutôt refondu en entier par M. André Folliet, député de Thonon.

Ce volume de plus de 800 pages fait passer sous nos yeux, avec la célèbre légion des Allobroges, toutes les campagnes, les nombreuses batailles auxquelles elle a pris une part glorieuse. Il a pour nous Savoisiens un autre intérêt : nous y trouvons décrits pour la première fois les combats livrés en Savoie, les mouvements des armées dont nos anciens ne nous avaient transmis qu'un vague souvenir. Puisant aux archives de l'Etat, M. Folliet a pu suivre nos troupes jour par jour, et ouvrir ainsi tout un horizon nouveau à notre histoire nationale.

Le volume VI intitulé : *Recherches historiques sur le Décanat de Saint-André et sur la ville de ce nom ensevelie au* XIII*e siècle sous les éboulis du Mont-Grenier,* par M. l'abbé Trepier, a un tout autre caractère. C'est un résumé de notre vieille histoire ecclésiastique, depuis le XI*e* jusqu'au XVI*e* siècle, avec l'épisode dramatique de la chute du Mont-Grenier, en 1248, qui occupe le milieu du tableau.

Ayant vécu de longues années à Grenoble, M. Trepier a pu compulser les archives diocésaines et spécialement les visites pastorales des évêques de Grenoble, dans le Décanat de Saint-André. Il y avait là une mine inépuisable de documents inédits. M. Trepier l'a exploitée à fond; il a pu donner une monographie complète de chaque communauté et presque de chaque paroisse du diocèse. Ce sera un trésor précieux pour les monographies locales, pour les histoires à venir.

Un second volume (vol. VII), sous presse, conduira cette étude, du XVI*e* siècle jusqu'à nos jours, la complétera par une série de documents et pièces justificatives, dont plusieurs verront le jour pour la première fois, puis enfin par des tables alphabétiques très précieuses. Ce sont là des travaux d'érudition que doivent rechercher particulièrement les académies provinciales; ce sont les services qu'elles ont mission de rendre à l'histoire nationale.

Je ne parlerai pas de trois autres volumes dont l'impression est déjà fort avancée : le volume VIII des mémoires, le volume III des documents, enfin le splendide catalogue du médailler de Chambéry, avec iconographies intercalées dans le texte. Ces travaux auront paru, à notre prochaine session, en 1880; il sera temps alors d'en rendre compte.

Outre les matériaux de ces six grands volumes, de nombreuses communications ont été faites aux séances de l'Académie. Ainsi M. le Dr Carret, chirurgien en chef de l'Hôtel-Dieu de Chambéry, nous a souvent rendu compte des opérations qu'il a tentées dans sa clinique. Il nous a entretenus spécialement, cette année, des vertus curatives des eaux de la Boisse et de l'histoire presque légendaire de cette source minérale. (V. *Notice historique sur les eaux de la Boisse;* Chambéry, Chatelain 1879).

M. Perrin nous a souvent entretenus des découvertes archéologiques et des dons faits au Musée. (V. Rapport au Conseil général, etc.)

L'Académie de Savoie est chargée de décerner plusieurs prix. Le concours de poésie, de la fondation Guy, clos en 1878, lui a valu une gerbe de dix-sept poèmes, dont plusieurs d'un vrai mérite. Il lui a valu surtout un rapport dû à la plume exercée de M. Descostes, travail de critique qui est lui-même une œuvre littéraire d'une haute valeur.

Elle avait à décerner, pour 1879, un prix de peinture de là même fondation Guy; mais les concurrents étaient peu nombreux, les œuvres exposées d'une valeur médiocre..., en conséquence l'Académie a dû se borner à formuler un jugement sans le motiver.

En 1880, nous aurons deux prix à distribuer : celui de 750 fr. de la fondation de Loche à une monographie historique en prose, et celui de 400 fr. de la fondation Guy à une composition poétique. Nous ferons appel à tous les concurrents nés ou domiciliés dans nos deux départements de la Savoie. Plus ils seront nombreux, plus ils rendront difficile la fonction de juge dévolue à l'Académie de Savoie, plus nous serons heureux, sinon de les couronner tous, du moins d'encourager tous les efforts.

Le grand événement de l'année 1878 a été l'Exposition universelle, qui, au moment où nous nous réunissions à Saint-Jean-de-Maurienne, convoquait à Paris le monde entier, et dépassait toutes les espérances. L'Académie de Savoie ne devait pas y rester étrangère.

Elle y avait envoyé une collection de ses Mémoires, avec les beaux atlas qui les accompagnent. Elle a été récompensée par une médaille d'argent, distinction flatteuse qui n'a été accordée qu'à un petit nombre de Sociétés savantes.

Chargée de la direction du Musée départemental d'archéologie, l'Académie avait fait exposer aussi, dans les galeries spéciales de la section préhistorique, la collection de l'âge du bronze du lac du Bourget, l'une des plus complètes qui existent en France. Notre savant confrère et zélé conservateur du Musée, M. Perrin, a reçu à cette occasion les insignes d'officier d'Académie, juste récompense bien due à ses travaux et à son dévouement.

Cette Exposition de Paris a valu à notre Musée départemental d'autres bonnes fortunes. M. le duc de Chaulnes, l'un de nos membres correspondants, possesseur d'une des plus belles séries lacustres qui aient été pêchées au lac du Bourget, a saisi cette occasion pour en faire cadeau au Musée de Chambéry. C'était le complément de nos collections, le couronnement qui achève l'œuvre.

La Commission départementale de l'Exposition a donné aussi à notre Musée les beaux *pupazzi* vêtus des costumes typiques de nos paysannes du Bourg-St-Maurice, de Beaufort, de St-Colomban-des-Villards et de Bessans, qui avaient obtenu un grand succès à Paris. C'est le commencement de notre collection ethnologique.

En même temps, un jeune magistrat qui habite la Cochinchine, M. Vulliez, nous donnait une collection curieuse de costumes, d'armes, d'ustensiles, etc., de cette colonie. Elle venait à point pour enrichir ce musée naissant.

Comme les salles primitivement destinées à recevoir nos collections étaient devenues trop étroites pour les contenir toutes, l'Académie s'est adressée de nouveau au Conseil général, et a obtenu l'autorisation d'occuper encore un vaste appartement désert, au troisième étage, au-dessus du Musée actuel.

Dès cet hiver, elle en a profité pour y installer son concierge, qui est en même temps concierge du Musée départemental. Elle a affecté en outre une salle du même appartement à ses collections phrénologiques déjà importantes, qui promettent de s'enrichir prochainement d'un grand nombre de types nouveaux.

Une autre salle plus vaste y sera consacrée à la technologie; mais une Société amie, la *Chambre syndicale des entrepreneurs du bâtiment* avait demandé la faveur de diriger cette partie de nos musées, où elle sera bien plus compétente que nous pour juger le mérite des œuvres. L'Académie s'est empressée de souscrire à ce vœu. La tâche est assez vaste; il y a place pour tous les ouvriers.

Si j'avais à présenter le tableau complet de notre Société, pendant l'année qui vient de s'écouler, ce serait pour moi un devoir et une douce satisfaction de vous parler d'un membre illustre que nous avons perdu, Msr Dupanloup, évêque d'Orléans, membre de notre Compagnie. Je devrais aussi vous exposer les titres de deux nouveaux membres effectifs, M. le Dr Fusier, médecin-directeur de l'Asile des aliénés de Bassens, et M. le comte Du Verger de Saint-Thomas, ainsi que ceux d'un nouveau membre agrégé, M. le baron Eugène Perrier de la Bâthie, professeur départemental d'agriculture.

Mais ce serait sortir des termes de l'article V de notre Règlement, qui demande seulement à chaque Société un *rapport succinct sur ses travaux depuis la dernière session.* Ce serait surtout empiéter sur le *Compte-rendu* que le Secrétaire perpétuel doit présenter chaque année à notre Académie, et où il sera jaloux de rendre à chacun, mort ou vivant, la justice qui lui est due.

RAPPORT DES TRAVAUX

DE LA

SOCIÉTÉ D'HISTOIRE & D'ARCHÉOLOGIE

DE LA MAURIENNE

PAR M. LE Dr MOTTARD

—

De tout temps on a écrit l'histoire des hommes et des choses ; mais je ne sache pas qu'on l'ait jamais fait avec autant d'ardeur et de patriotisme qu'aujourd'hui. Presque partout on rencontre des chercheurs, des investigateurs infatigables, heureux de fouiller dans les siècles passés pour mettre sous les yeux de la génération présente ce qu'ont été et ce qu'ont fait nos pères.

Bien des documents et des travaux d'art ont été irrévocablement perdus par l'incurie, l'ignorance et par le besoin de détruire. Les archives très riches de ma province, ainsi que les peintures, ornements, ameublements, etc., de nos édifices religieux, de nos établissements publics et de bien des maisons particulières ont eu spécialement à souffrir du vandalisme des Sarrasins qui l'ont occupée pendant une partie des VIIIᵉ et Xᵉ

siècles, par les troupes mercenaires de Lesdiguières,
par les nombreuses armées qui l'ont si souvent tra-
versée pour aller en Italie ou venir en France, enfin
pendant la triste Révolution française.

Malgré cela, les membres de la Société d'histoire et
d'archéologie de Maurienne cherchent avec persévérance et trouvent toujours çà ou là quelques épaves
échappées à la destruction : témoins les vingt bulletins qu'elle a publiés, et ceux qu'elle publiera encore, il faut l'espérer, durant bien des années ; témoin
aussi le beau musée qu'un membre de notre Société,
M. Vulliermet, a créé avec tant d'art, de patience et de
frais, et que beaucoup d'entre vous ont visité.

Je vais, messieurs, ainsi que j'en ai pris l'engage-
ment, vous donner l'intitulation des travaux imprimés
dans nos bulletins, tout en regrettant de ne pouvoir
en faire l'analyse ; pour ce motif, j'ai adopté l'ordre
alphabétique des auteurs.

—

Le château de Tournon sur l'Isère. Précis historique
par le père Archange, capucin.

Lettres-patentes d'abolition du crime d'usure pour
les étapes de Saint-Jean-de-Maurienne et de Modane,
par le même.

—

Ventes et inféodation de la mestralie de Saint-
Michel au baron de Saint-Michel, messire de Duing,
dit Maréchal. Documents édités et annotés par M. le
comte d'Arves.

Vidimus de confirmation faite par Amédée, comte
de Savoye, des franchises et libertés concédées par les

R^{ds} seigneurs évesques de Maurienne aux hommes nobles, bourgeois habitants et du pays de Saint-Jean et du détroit de toute la terre et évesché et église de Maurienne tant devant l'association que après suivant la coutume du dict pays mandant aux officiers corriers et autres qu'ils eussent à faire observer les dictes franchises. L'an 1407, par le même.

Notes sur l'invasion des troupes espagnoles en Savoie, par le même.

Mémoire inédit pour le chapitre de Maurienne. Annoté par le même.

Entrée et installation sur le siége épiscopal de Maurienne de Mgr Charles Joseph Filippa de Martiniana, le 11 septembre 1757. Extrait du livre journalier de noble et spectable Claude François de Rapin. Annoté par le même.

—

Notices historiques sur la commune de la Chapelle, canton de la Chambre, par M. Assier, propriétaire-rentier.

—

Etude sur les droits seigneuriaux des évêques de Maurienne, par M. Charles Buet, rédacteur de l'*Univers*.

—

Pièces inédites relatives à la province de Maurienne tirées des archives du Sénat de Savoie, par M. C. Burnier, juge au tribunal de Maurienne.

—

Notice sur le fort Sarrasin, à Pontamafrey, extraite

des archives de la commune, par MM. Couvert, curé de Pontamafrey et Buttard, curé de Saint-Sorlin.

———

Documents pour servir à l'histoire de la Maurienne, extraits d'un inventaire des archives de l'évêché de Saint-Jean de Maurienne, dressé en octobre 1756 par Me Buisson, notaire, et annotés par M. Ernest Dalbane, imprimeur.

———

Notice sur la réception au canonicat, à Saint-Jean de Maurienne, de S. A. R. le prince Emmanuel Philibert, duc de Savoie, le 18 juin 1564, par M. Daymonaz, avocat.

Document trouvé dans les archives paroissiales de Modane intitulé : Sentence du juge ecclésiastique portant interdit de l'église en 1709, 27 mars, par M. Durand alors vicaire à Modane, docteur en droit canon et licencié en théologie.

Notes historiques sur la paroisse d'Avrieux, en Maurienne, par le même, curé de Freney.

———

Les Franchises de Bessans, en Maurienne, comprenant les chapitres suivants :

1o Rodolphe de Montbel, abbé de Saint-Michel de la Cluse, achète du comte Aymon le château, ville et mandement de Tournon, en Savoie ;

2o L'abbé Rodolphe échange le château et la ville de Tournon contre le village de Lans-le-Villard, Bessans, etc. en Maurienne et partie du péage de Lans-le-bourg ;

3o Confirmation de privilèges à la communauté de Bessans ;

4° Les habitants de Bessans obtiennent don et rémission de la cote qui leur avait été imposée pour la commutation des gabelles et pour les frais de construction du fort de l'Annonciade.

5° Règlement pour l'élection des syndics; extraction des deniers, etc.

6° Vente du château, ville et mandement de Tournon, par le comte Aymon de Savoie à l'abbé de Saint-Michel de la Cluse, en 1333 et 1337.

Ce mémoire est divisé en paragraphes, le 1er est intitulé : *Domini abbatis sancti Michaelis de Clusa super facto Turnonis;* le 2e, *Ejusdem domini Abbatis;* le 3e, *Ejusdem domini abbatis et domini Comitis;* le 4e, *Domini abbatis sancti Michaelis;* le 5e, *Ejusdem domini comitis et dicti domini abbatis super eodem;* le 6e, *Permutationes facte inter comitem et abbatem sancti Michaelis Clusini de Castro turnonis et villa Lancei vilarii.* Suit : *Tenor instrumenti procurationis dicti fratris Johannis de quo supra fit mentio;* le 7e, *Domini comitis et domini abbatis sancti Michaelis Clusini de facto turnonis et Lancei vilarii.* — Le 8e, Confirmation de privilèges à la commune de Bessans, par Emmanuel-Philibert; le 9e, Supplique de Bessans; le 10e, Lettre de sur-an par la dite communauté de Bessans; le 11e, Lettre patente du don et rémission de la commutation et quart d'icelle pour l'année 1580 pour ceux du mandement de Bessans; le 12e, Arrest pour les scyndics de la communauté de Bessans, aux fins de réformer les abus qui se commettent à l'élection des scyndics dans la dite paroisse, par M. Auguste Dufour, général d'artillerie à Turin.

Monographie historique de la Basse-Maurienne en Savoie, par M. Foray Camille-Gabriel, greffier de la justice de paix du canton de Saint-Jean.

Aiguebelle. — 1. Où fut la première résidence des comtes de Maurienne ; 2. Charbonnières. — Son étymologie ; 3. Aiguebelle. — Son origine. — Sa population ; 4. Monnaies anciennes. — Solidi aquabellæ ; 5. Guerres de Lesdiguières ; 6. Siège de Charbonnières par Sully ; 7. Siège de Charbonnières par Créqui ; 8. Fléau de la peste. — Juifs ; 9. Catinat à Aiguebelle ; 10. Guerre des Espagnols. — Destruction de Charbonnières ; 11. Baronie d'Aiguebelle. — Municipalité. — Galbert. — Usages ; 12. Châtellenie. — Violences de Louis de la Chambre. — Luttes et conflits entre les syndics et les barons d'Aiguebelle ; 13º Période de 1792 à 1815. — Suivent : notes et documents.

RANDENS — COLLÉGIALE DE SAINTE-CATHERINE

1º Fondation. — Organisation. — Richesses. — 2º Archéographie de la collégiale de Randens. — Note 1. Approbation de la fondation de la collégiale suivant Combet. — 2. Tableau synoptique et chronologique des maisons religieuses en Maurienne. — 3. Noms de quelques dignitaires de la collégiale. — 4. Lettre de l'avocat fiscal général Chevillard de Laduy, — et autres.

SEIGNEURIE ET VALLÉE DES HURTIÈRES

1. Origine, étendue, valeur du fief des Hurtières. — 2. Minières et concessions. — 3. Généalogie des

Hurtières. — 4. Synchronisme des annales de la Maurienne. — 5. Nobiliaire des Hurtières et d'Epierre. — 6. Iconographie et hagiographie.— 7. Ethnologie. — 8. Etymologie des mots Cucheron et Hurtières. — — 9. Linguistique. — 10. Géologie. — 11. Guerre et campement.

DOCUMENTS, NOTES OU DISSERTATIONS

Note 1. Transaction entre le comte Amédée V et Nantelme, seigneur des Hurtières, du 20 février, 1296. — 2. Transaction entre le comte Amé et le baron Pierre des Hurtières, du 24 septembre 1344. — 3. Lettres par lesquelles le comte Amé de Savoie, pour récompenser les mérites d'Antelme des Hurtières, lui donna en fief et pour augmentation des autres fiefs, la châtellenie des Hurtières et les rentes dues par quelques particuliers au comte Amé. — 4. Confins du fief épiscopal aux Hurtières. — 5. Autre désignation des confins de la vallée et baronie des Hurtières, 18 janvier 1421. — 6. Donation du comte Thomas au chapitre de Saint-Jean-de-Maurienne, 1274. — 7. Quantité de douzaines de bennes de mine grillée extraite de la montagne de Saint-Georges, de 1818 à 1861. — 8. Droits du seigneur. — 9. Acte de confirmation des droits du monastère de la Novalaise en Maurienne. — 10. Coutumes d'Epierre. — Requête à l'évêque de Maurienne. — 11. Traité entre Aymon des Hurtières, évêque de Maurienne, et Edouard, comte de Savoie. — 12. Texte de l'acte de reconnaissance de Jean de la Chambre, en faveur du comte Amé de Savoie. — 13. Transaction entre Mgr de Martiniana et le Roi par laquelle l'évêque cède à S. M., moyennant quelques compensations et notamment le titre de prince d'Aiguebelle, son pouvoir temporel sur les paroisses, qui formaient son apanage, sous date de 1768.

—

Notice historique sur le vignoble de Princens, à Saint-Jean-de-Maurienne, par M. Joseph Grange, notaire.

—

Notice nécrologique sur le chanoine Pierre-Antoine Marcoz, frère de M. Marcoz, médecin, mathématicien, astronome, ancien membre du Conseil des 500 et fondateur de l'école de dessin linéaire à Chambéry, par M. le docteur Mottard.

Mémoire instructif pour la ville de Saint-Jean-de-Maurienne. Annoté par le même.

Testament de révérendissime et illustrissime seigneur évêque de Maurienne, prince du saint empire romain, abbé de Saint-Pierre de Châlons, comte de Masin et de Valperga, etc. Annoté par le même.

Testament de Rᵈ Pierre Duvernay, chanoine, vicaire général, proto-notaire apostolique, etc,, homme exceptionnel. Un de ses confrères au chapitre, qui a écrit en latin sur la Maurienne, l'appelait : *prima capituli columna*. Annoté par le même.

Délibération du conseil communal de la ville de Saint-Jean-de-Maurienne dressant le tableau du maximum des salaires, gages, mains-d'œuvre et des journées de travail rière la commune. Annoté par le même.

Détails sur des objets consacrés au culte dans les diverses églises, chapelles et établissements religieux de Saint-Jean-de-Maurienne, enlevés en 1793 et 1794 au profit de la République française, publiés et annotés par le même.

Institution papale de R^d Pierre A. Albrieux. Mode de nomination, d'institution et d'installation des chanoines de la cathédrale de Maurienne avant la révolution de 1792, par le même.

Extrait du relevé général des émigrés du département du Mont-Blanc. Noms des émigrés et des déportés de la Maurienne pendant la Révolution française. Publié et annoté par le même.

Briève notice du diocèse de Maurienne, avec le tableau des évêques de 568 à ce jour pour Mgr Grisella de Rosignan, par R^d Savey, vicaire général. Publiée et annotée par le même.

Présentation à la cure de Saint-Martin-la-Porte faite en faveur de R^d Antoine Albrieux, prêtre de la cité. Publiée et annotée par le même.

Ordre de démolition des forts de Saint-Jean-de-Maurienne et des fortifications de Saint-Michel. Publié et annoté par le même.

Testament de Michel Allard, d'Hermillon. Publié et annoté par le même.

Etat succinct du diocèse de Maurienne, par R^d Esprit Combet. Publié et annoté par le même.

Diplôme de Boson, roi de Provence et de Bourgogne, cédant le château d'Hermillon, en 883, à l'évêque de Maurienne. Publié et annoté par le même.

Quelques notes sur les 7 cardinaux qui ont occupé le siége de Maurienne, par le même.

Biographie des membres du chapitre de Maurienne

avant la Révolution, par le chanoine Boniface. Revue et annotée par le même.

Appel fait au clergé de Maurienne par le roi Victor-Amédée II pour l'engager à concourir aux frais de création et d'entretien des cordons sanitaires à établir sur quelques frontières de la Savoie pour empêcher l'introduction de la peste qui avait envahi les provinces méridionales de la France. Publié et annoté par le même.

Inventaire des biens meubles et immeubles pris au décès du S^{gr} Philibert de la Val d'Isère, baron de Saint-Michel, par demoiselle Anne de Cève, sa veuve, comme tutrice de son et dudit S^{gr} Philibert fils, ensuite de la tutelle qui lui avait été baillée le 4 décembre 1688, par-devant le juge-mage de Maurienne. Notes sur l'inventaire par le même.

Documents sur le B. Ayrald, évêque de Maurienne. Recueillis par le même.

———

Brun-Rollet, de Saint-Jean-de-Maurienne, voyageur en Egypte, par M. Tissot, ingénieur civil à Annecy. Extrait de la *Revue Savoisienne* et inséré dans nos Bulletins.

———

Franchises accordées par les évêques de Maurienne. Copie et notes de M. Florimond Truchet.

Documents pour servir à l'histoire de la domination des évêques de Maurienne. — Essai historique sur l'aumône du carême qui était faite par les évêques de Maurienne dans la ville de Saint-Jean, avec les preuves authentiques tirées des archives de la même ville, par le même.

Les Noëls de Bessans (Maurienne). Spécimen de poésies en patois, traduits et annotés, par le même.

Les Franchises de Bessans octroyées par le prince cardinal de Savoye, le 16 juillet 1620, copiées sur l'original, par le même.

Huit documents pour servir à l'histoire de Maurienne, recueillis et copiés par le même.

—

Notice historique sur la commune de Valloires, par M. l'abbé Truchet, vicaire de Jarrier.

Notice historique sur la commune de Jarrier, par M. l'abbé Truchet, professeur de philosophie au petit séminaire de Saint-Jean-de-Maurienne.

Supplique des communes du mandement de Valloires, Albane et Montricher, à l'évêque de Maurienne, et jugement de Mgr de Gorrevod en leur faveur, par le même.

Doléances des communes de la Maurienne, adressées au duc Philippe, lettres-patentes. Document communiqué par le même, curé de Saint-Jean-d'Arves.

Notes sur Philibert Milliet, Paul Milliet et Charles Bobba, évêques de Maurienne, extraites de titres inédits, par le même.

La peste de St-Sorlin d'Arves, en 1588, par le même.

La commune de Saint-Sorlin-d'Arves et les guerres de la fin du XVIe siècle, par le même.

La chapelle de Bonne-Nouvelle, près Saint-Jean-de-Maurienne, par le même.

Transaction entre le comte de Maurienne, Amédée VI, et le chapitre de Saint-Jean, 14 mars 1344, par le même.

Notes historiques sur le canton de Saint-Jean-de-Maurienne, de 1795 à 1800, par le même.

L'aumône de Pâques à Mont-Denis, par le même.

—

Numismatique mérovingienne de la Maurienne, par M. G. Vallier.

Lettre de M. G. Vallier sur les peintures murales de la cathédrale de Saint-Jean-de-Maurienne, découvertes au-dessus du tombeau du bienheureux Ayrald.

—

Notes et documents sur les frères Dufour, de Saint-Michel-en-Maurienne, peintres des ducs de Savoie. Leur père, Pierre, ayant peint un portrait en pied de saint François de Sales, destiné au palais communal d'Annecy, fut reçu bourgeois de cette ville. — Par M. Vulliermet, imprimeur et antiquaire.

—

La Société Florimontane, la Société centrale d'agriculture et la nôtre envoient directement par la poste leurs publications. Les autres, comme cela se pratique presque partout dans la France, les adressent au ministère qui les fait parvenir ensuite à leur destination. Ce grand détour occasionne toujours un retard bien connu, et expose les envois à s'égarer, ce qui a lieu quelquefois au détriment des collections ; pour ce motif, je prie les Académies et Sociétés de nos deux départements d'imiter l'exemple des trois premières : faisons nos affaires en famille.

Je viens de faire une prière, je fais actuellement une proposition, et si le Congrès l'agrée, il adoptera les moyens qu'il croira utiles. La voici : prier le ministre compétent d'autoriser les Académies et les Sociétés de la France à adresser directement leurs publications sous la signature du président de chacune d'elles. On éviterait par ce moyen le cercle vicieux que font, par exemple, les travaux de Chambéry, de Moûtiers, etc., pour arriver à Annecy, Saint-Jean et ailleurs ; partant, moins d'encombrements à la poste et moins d'embarras au ministère. — Je crois que cette proposition serait facilement acceptée, et je ne vois pas qu'il puisse y avoir des raisons pour la rejeter.

DISCOURS

DE

M. LE CHANOINE V. BRASIER

VICE-PRÉSIDENT DE L'ACADÉMIE SALÉSIENNE

—

Messieurs,

Dans les bonnes familles, il fait bon naître des derniers. Les cadets, par le droit de leur âge et de leur inexpérience, y jouissent sans conteste de l'appui, de la sympathie et de l'affection de tous. C'est la pensée qui fait en ce moment l'espoir de l'Académie Salésienne. Nous sommes encore si petits, si près de terre que, nous vous l'avouerons sans détour, Messieurs, si votre congrès se fût tenu ailleurs qu'à Annecy, nous n'eussions pas osé permettre à notre nom de s'y produire. Mais nous dissimuler et nous dérober ici même et devant vous, non, nous ne le ferons pas. Ce serait douter de vous et de vos sympathies.

En ma personne (ce qui montre bien la faiblesse de ses débuts) l'Académie Salésienne à peine née, à peine baptisée, vient donc, Messieurs, solliciter l'honneur de vous rendre ses premiers hommages et ses premiers devoirs. Ce tribut d'hommages, Messieurs, nous vous le devons à tous les titres.

Si nous tentons d'ouvrir non pas une voie nouvelle, mais un étroit sillon, dans le champ commun de notre histoire, à qui l'honneur? Il vous revient, Messieurs, puisque nous ne faisons que répondre aux appels incessants et pressants que vous jetez dès longtemps à tous les échos du pays. Vous faites mieux que d'inviter au travail. Si notre terre de Savoie est un beau livre, n'en avez-vous pas bientôt illustré toutes les pages? Reste-t-il une vallée, une époque, un personnage que vous n'ayez pas étudiés? Vous avez pénétré partout, le flambeau à la main ; il n'y a plus qu'à vous suivre. Aussi prenons-nous un nom qui n'est pas nouveau, c'est un nom de famille; pour peu il serait le vôtre.

Tous, Messieurs, vous vous honorez de descendre pour ainsi dire de l'Académie Florimontane. En vous constituant, vous vous êtes inspirés du souvenir de saint François de Sales. Le temps modifie les institutions. Mais le but élevé du saint évêque est toujours le vôtre, et vous avez voulu garder jusqu'à sa devise que vous réalisez si bien. Vous poursuiviez ainsi, avec amour, son œuvre favorite, lorsque naguère, la plus haute autorité du monde, rendant justice à son génie, l'a proclamé solennellement *Docteur de l'Eglise*, c'est-à-dire, Prince de la science, lumière entre les lumières, sommité parmi les sommités. Nous avons encore présentes à nos souvenirs les fêtes de l'an dernier auxquelles vous avez pris, Messieurs, une part si cordiale,

et qui furent l'accueil fait par le pays à l'exaltation
nouvelle de son saint bien-aimé. L'auréole du Docteur
rejaillissait jusque sur nous comme un grand honneur,
comme une véritable gloire ; vous savez si notre patriotisme l'a acclamée avec ardeur, avec transport.

Se pouvait-il qu'un tel événement ne laissât parmi
nous d'autre trace, d'autre souvenir que celui de nos
fêtes brillantes sans doute, mais passagères ? Ne fal-
lait-il pas, pour en garder la mémoire, un monument,
une œuvre quelconque datant de ce grand fait ? Nous
l'avons pensé, et l'*Académie Salésienne* a été proje-
tée, avec ce nom qui renferme celui du saint Docteur
lui-même. C'est vous dire, Messieurs, que notre petite
association, jalouse de tout ce qui tient au culte et à
l'honneur du nom de saint François, fera tout pour
en rehausser encore l'éclat. Quand l'Eglise l'honore,
l'exalte, le porte jusqu'au sommet de la gloire, c'est
bien à son pays, à son clergé de le soutenir à ces hauteurs en affirmant qu'il n'en descendra jamais : *Non
excidet.*

Et à ce propos, Messieurs, vous connaissez notre pro-
gramme, laissez-moi reprendre cette pensée qu'il ne
fait qu'indiquer. Il s'en faut que tout soit dit sur notre
grand Docteur. Comme littérateur, comme philosophe
et théologien, est-il suffisamment connu ? — Plus d'un
trait nouveau peut s'ajouter à son histoire ; des faits,
des souvenirs de lui flottent encore épars dans les tra-
ditions ou les archives des paroisses ; toutes ses lettres
ne sont pas retrouvées, publiées. Avons-nous de ses
œuvres une édition exacte et complète ? Son culte doit
avoir aussi son histoire et ses annales. — En provo-

quant des études sur ce sujet, en les publiant aux frais de l'association, nous voudrions, Messieurs, servir la cause et la gloire de notre saint Docteur dans la mesure plus grande qui est encore possible.

Encore un espoir que nous caressons. Que de fois, Messieurs, en vous entretenant de vos chères études, vous avez émis l'ardent vœu de voir la jeunesse s'éprendre et se passionner pour elles ! Cette conquête, vous le savez, est difficile. Nous venons la tenter à notre tour. Vous l'avez compris déjà en voyant notre œuvre s'installer en plein Grand-Séminaire. La mesure est simple et naturelle. Nous désirons que nos jeunes lévites ne puissent plus être victimes de cette illusion que les associations scientifiques appartiennent à un monde à part, vivant dans un lointain désespérant, dans des régions inaccessibles. Quand ils verront des travaux, des recherches de différente portée, de mérite divers, surgir sous leurs yeux, et sur des sujets éveillant les plus nobles sentiments de leur cœur, ces jeunes gens ne résisteront pas à l'aiguillon. Les prédestinés, les vrais élus du moins, seront certainement conquis.

Or, que d'espoir, que de riantes promesses reposent toujours sur un jeune homme bien doué qui, dans l'ardeur de ses vingt-cinq ou trente ans, entre dans cette carrière que la fatigue, l'âge, les infirmités, hélas ! viennent toujours fermer trop tôt.

Nous n'aspirions, Messieurs, qu'à l'honneur de nous présenter à vous, et voilà qu'en toute simplicité nous vous avons livré tous nos vœux et nos pensées. Nous sommes, croyez-le bien, sans illusions sur nous-mêmes et sur notre œuvre. Mais Dieu et les hommes s'inclinent volontiers vers les bonnes intentions. Vous nous serez indulgents, Messieurs, nous en avons la confiance. Que la Société Florimontane tout particulièrement nous permette de proclamer ici publiquement l'espoir que nous mettons en son aide et son secours. Réflétant l'esprit éminent de son digne président, une obligeance extrême, une amabilité, une courtoisie parfaite, ont toujours été le caractère de cette docte Société. Nos grands besoins nous seront un nouveau titre à sa condescendance. Dès ce moment, nous nous empressons de l'assurer de toute notre reconnaissance.

UN MÉMOIRE

DU

JUGE-MAGE DE SAINT-JULIEN

RELATIF

AUX TERRES DE SAINT-VICTOR ET CHAPITRE

—

COMMUNICATION DE M. CÉSAR DUVAL

(Résumé)

—

Le traité conclu à Turin, le 3 juin 1754, entre le roi de Sardaigne et la république de Genève, fit disparaître une juridiction particulière dont il est souvent fait mention dans l'histoire de notre pays.

Cette juridiction dite de *Saint-Victor et Chapitre,* comprenait les anciennes possessions du prieuré de Saint-Victor, du Chapitre cathédral de Saint-Pierre et de quelques autres établissements religieux de la ville de Genève. La plus grande partie de ces terres étaient situées dans le bailliage de Ternier; le reste était disséminé dans le mandement de Gaillard, le pays de Gex et jusqu'au fond du Chablais.

Ces possessions de Saint-Victor et Chapitre provenaient de donations faites par les anciens dynastes du Genevois, du Faucigny, du pays de Gex et par quelques familles nobles moins importantes. Mais aucun des donateurs n'avait renoncé au *domaine direct*, c'est-à-dire, à la souveraineté sur ces terres, dont ils n'avaient concédé que les *droits utiles*, les *droits ecclésiastiques* et la *basse juridiction*. Par conséquent, en succédant à ces divers dynastes, la maison de Savoie acquit cette souveraineté, qui passa à Berne, à la France et à l'Espagne, lorsque la fortune des armes amena ces puissances à occuper temporairement la Savoie.

L'émancipation de la ville de Genève au 16e siècle et la conquête des bailliages de Ternier et Gaillard par les Bernois, au même moment, amenèrent l'organisation de cette juridiction de Saint-Victor et Chapitre telle qu'elle fonctionna jusqu'au traité de 1754.

Après de longues discussions, entremêlées d'arbitrages, Berne et Genève finirent par tomber d'accord. A la souveraineté entière sur tout ce qui avait relevé du prince-évêque comme seigneur féodal, c'est-à-dire, sur ce que l'on appelait les anciennes *Franchises de Genève*, la nouvelle république calviniste joignit la propriété de la plupart des biens et revenus des maisons religieuses genevoises supprimées par la réforme protestante. Cette adjonction fut faite aux mêmes conditions et avec les mêmes droits des anciens possesseurs : Berne conserva sur ces biens la souveraineté que les ducs de Savoie exerçaient avant la conquête.

Le tout fut réuni alors sous la domination collective de *Terres de Saint-Victor et Chapitre,* dont la juridiction fut confiée à un tribunal mixte appelé *Cour des Appellations de Saint-Victor et Chapitre.* Cette Cour, comprenait deux juges dont l'un était nommé par le Grand-Conseil de Berne, et l'autre par le Conseil des Deux-Cents de Genève. Ces juges établissaient deux procureurs, l'un de Savoie et l'autre de Genève, et deux greffiers choisis de la même manière. Les deux juges alternaient d'année en année pour la préséance, de même que les greffiers pour la tenue du registre des causes.

Ce tribunal mixte ne s'occupait que des causes civiles ; quant aux criminelles, le juge genevois en avait exclusivement la connaissance : seulement l'exécution des sentences d'une certaine gravité appartenait à Berne, en vertu de son droit de souveraineté.

Lorsque les Bernois restituèrent au duc Emmanuel-Philibert les bailliages de Ternier et Gaillard, ce souverain respecta cette organisation, en se bornant à prendre la place de Berne. Ses successeurs firent de même.

Toutefois l'exercice de cette juridiction, à laquelle participaient deux gouvernements aussi hostiles que le devinrent les successeurs d'Emmanuel-Philibert, fut une cause incessante de difficultés et de contestations suscitées par le zèle des agents chargés de l'exercer. Chacun d'eux cherchait à augmenter les droits du pays qu'il représentait, et cela autant par amour-propre national que pour répondre aux désirs secrets de leurs gouvernements : car au fond il s'agissait toujours des prétentions des ducs de Savoie sur Genève.

Cette situation dura ainsi jusqu'aux traités de 1749 et 1754, lesquels, comme le remarque très judicieusement M. le professeur Galiffe, changèrent une frontière purement *féodale* et *ecclésiastique*, très enchevêtrée, en une frontière *politique* dans le sens moderne.

C'est à Charles-Emmanuel, deuxième roi de Sardaigne, que revient l'honneur d'avoir mis fin à ces conflits perpétuels. En 1741, sur l'ordre de ce monarque, le marquis d'Orméa, premier ministre, s'adressa au juge-mage des bailliages de Ternier et Gaillard pour avoir les renseignements les plus détaillés sur l'étendue de ces terres de Saint-Victor et Chapitre, le nombre des protestants et des catholiques y domiciliés et les revenus que Genève en retirait.

Le siège de la judicature-mage était occupé alors par l'avocat Charles-Antoine Paget qui venait d'y être promu, après avoir rempli pendant vingt ans les fonctions d'avocat fiscal dans ces bailliages. Nul n'était plus capable de demêler un écheveau aussi embrouillé. J'ai retrouvé la correspondance échangée entre le premier ministre et le magistrat de Saint-Julien, ainsi que la minute du *Mémoire* rédigé par ce dernier, qui fit le voyage de Turin pour le remettre au ministre.

En attendant la publication prochaine de ces documents, je vais donner un résumé succinct du Mémoire, qui contient des détails assez curieux sur un grand nombre de localités situées entre Saint-Julien et Genève; notamment sur les Vernets, la Queue d'Arve,

Chancy, Avully, Onex, La Petite-Grave, Cartigny,
Avusy, Athenaz, Epeisses, Passeiry, Laconnex, La
Bâtie-Mélier, Lancy, Saint-Georges, Carouge, Pin-
chat, Pesey, Grange-Colomb, Sézegnin, Landecy,
Chez-Charrot, Veyrier-sous-Salève, Troinex, Surne,
Evordes, Vessy, Soral et Lully, appartenant aujour-
d'hui à la république de Genève, et Neydens, Moisin,
Mouvy, Pernin, Malagny, Germagny, Lajoux, les
Berthets, Valeiry, Lathoy, Crevins, Bossey, Lacombe,
Archamp et Thairy, faisant partie du canton de Saint-
Julien (Haute-Savoie).

Dans chacune de ces localités la juridiction de
Saint-Victor et Chapitre s'exerçait d'une façon très
irrégulière ; tantôt sur la presque totalité des maisons
et du territoire qui en dépendaient, tantôt sur une
fraction de maison et sur une pièce de terre ou deux.
Les revenus que Genève en retirait, variaient nécessairement dans la même proportion. Ces revenus consis-
taient en dîmes et en *servis* féodaux payables en nature, le plus souvent deux tiers en froment et un tiers
en seigle. A Neydens et à Moisin, Genève percevait une
taxe annuelle de 6 florins genevois sur chaque maison.

Les dîmes produisaient environ 1,300 coupes de
froment, 200 coupes de seigle et 150 septiers de vins.
Quant aux *servis,* le juge-mage déclare qu'il lui a été
impossible d'avoir des renseignements précis à cet
égard. Il croit que Genève retirait de la Champagne
(pays qui comprenait Valeiry, Chancy, Avully etc.)
en blé, vin et argent, une moyenne annuelle de 500
livres ; Troinex et les localités environnantes donnaient de la même manière environ 120 écus patagons.

Les renseignements les plus curieux sont relatifs à Archamp et à Carouge. Les voici *in extenso* :

« Archamp, petit village où il n'y a qu'une maison du fief du Chapitre, possédée par la veuve Girod de Genève. Il y a peu de ruraux réputés du fief du Chapitre : le reste est de la juridiction et fief des vassaux du roi.

« Les habitants sont tous catholiques, excepté la dite veuve Girod et le sieur Lullin de Genève qui y possède aussi une maison du fief et juridiction des vassaux.

« MM. de Genève y perçoivent environ 90 coupes de froment de dîme, année commune ; sur quoi ils paient 20 coupes de froment et 40 écus patagons par année au curé d'Archamp pour sa portion congrue. Outre cela, ils lui ont relâché un pré de la contenance de quatre seytines pour les *Novales* dont la dîme est comprise dans les 90 coupes.

« Carouge est en partie dans l'enceinte des limites de la seigneurie de la Bâtie-Mélier, appartenant à la marquise de Challes. » *C'est un village composé de diverses maisons éloignées les unes des autres.* La ville de Genève y fait juridiction sur les maisons et ruraux qui relèvent des fiefs de Saint-Victor et Chapitre. Le seigneur de Ternier y fait aussi juridiction sur ce qui dépend de son fief.

« Dans ledit Carouge il y a six maisons de catholiques, y compris les deux capites des employés de la Gabelle et du péage du pont d'Arve. Toutes les autres maisons sont à des protestants. Le Roi y possède une maison qui lui appartient par aubaine déclarée par arrêt de la Chambre, des Comptes de Turin. Elle provient d'un nommé Durand, catholique, décédé sans héritiers.

« Rière Carouge, Genève perçoit la dîme qui est, année commune, de 36 *pairs* de froment : le pair est de cinq *quarts* et une quarte.

« La dîme des *Novales* se trouve comprise dans ce chiffre. Le curé de Lancy, de la paroisse duquel dépend ledit Carouge, a renoncé à cette dîme des *Novales* en faveur de Genève, qui lui a compté pour cela 200 écus patagons, une fois donnés, et une pièce de terre de la contenance de cinq coupes ; moyennant quoi ledit curé s'est chargé de l'entretien du *Sancta-Sanctorum*, des ornements et des vases sacrés. »

Ces arrangements paraîtront sans doute extraordinaires à ceux qui connaissent l'hostilité ardente témoignée par le clergé catholique savoyard contre la cité genevoise et son gouvernement calviniste.

Notons en passant que la Cour des Appellations de Saint-Victor et Chapitre, qui dans le principe tenait ses audiences indifféremment dans un des villages de sa juridiction, finit par prendre l'habitude de siéger à Carouge, dans une maison située à l'entrée du pont d'Arve.

Comme on l'a vu plus haut, ce Mémoire fut remis au marquis d'Orméa à la fin de mai 1741. Mais la question fut forcément ajournée par l'occupation de la Savoie par une armée espagnole de 1742 à 1749. Mais après la paix conclue à Aix-la-Chapelle, elle fut reprise, et deux ans plus tard l'avocat Foncet de Montailleur entamait avec la Seigneurie de Genève les négociations qui aboutirent au traité de 1754.

Ce traité fut avantageux pour le roi de Sardaigne, qui y gagna la plus grande partie des terres de Saint-Victor et Chapitre. Il reçut en outre une somme de 50,000 écus que Genève lui compta pour indemniser l'évêque et le Chapitre de l'ancien diocèse, établis à Annecy depuis la Réforme. En échange, le roi reconnut l'indépendance de Genève, et fit l'abandon des droits hypothétiques qu'il croyait avoir sur cette petite république.

Le juge-mage Paget, sénateur depuis 1750, fut le plus utile auxiliaire de l'avocat Foncet, et contribua beaucoup au succès de ce négociateur savoyard. Les services qu'il rendit dans cette circonstance, attirèrent l'attention du gouvernement sur lui et les siens. Trois de ses enfants firent une brillante carrière: l'un fut choisi comme précepteur du duc de Chablais, fils cadet du roi, et devint Conseiller d'Etat. Un autre devint évêque de Genève, et le troisième lui succéda comme juge-mage, et fit aussi partie du Sénat de Savoie.

NOTE CRITIQUE

SUR

L'ORIGINE DU NOM ACTUEL

DE SAINT-JULIEN-DE-MAURIENNE

(SAVOIE)

—

Alors que j'annonçais une courte notice sur Saint-Julien, je venais de prendre connaissance d'un manuscrit laissé par M. Victor Dalbane, ancien notaire de cette petite ville. Depuis lors, j'ai pu me convaincre de l'erreur dans laquelle j'étais tombé, la plupart de ces documents ayant été déjà publiés.

Il ne me reste donc plus qu'à exposer mes observations critiques sur l'origine du nom de cette intéressante localité.

C'est au commencement du VIIIe siècle que Saint-Julien, qui alors s'appelait *Manosces*, prit, pour la première fois, le nom qu'il porte aujourd'hui. Cela résulte de la lecture faite par Dom Mabillon d'un testament par lequel Abbon, fondateur du monastère de la Novalaise, prit Suse en Piémont, légua, en 739, à cette abbaye, les immenses territoires qu'il possédait alors dans les Gaules (MANOSCES, *nomine mutato, nunc dicitur* SANCTUS JULIANUS).

On croit, en Maurienne, que ce saint Julien, dont le nom est ainsi devenu patronymique, n'était autre que l'un des vaillants soldats de la légion Thébéenne ou Thébaine.

Cette hypothèse ne nous paraît pas soutenable.

Sur la foi d'une légende, faussement attribuée à saint Eucher, évêque de Lyon, mort vers 449, et dans laquelle il est question de Sigismond qui régna sur les Burgondes, de 516 à 524, nos pères ont cru de très bonne foi, pendant une dizaine de siècles, au martyre de la légion Thébaine, sous le règne de Dioclétien, et par l'ordre de Maximien, son collègue à l'empire.

Si, comme la justice, la foi est aveugle; en revanche la critique historique a d'excellents yeux, et quand, le flambeau de la science à la main, elle parcourt le vaste champ de l'histoire, les racines des vieilles légendes résistent bien difficilement au souffle de cet aquilon d'un genre tout nouveau.

Combien de prétendus saints l'impitoyable et savant abbé Jean de Launoy n'a-t-il pas fait descendre de leur piédestal? On l'appelait le *Dénicheur de saints*. A combien de martyrs supposés Henri Dodwell, par sa dissertation *De paucitate martyrum*, n'a-t-il pas enlevé cette brillante auréole, appelée la couronne du martyre?

Voici, à leur tour, six mille six cent soixante-six soldats chrétiens qui doivent aller rejoindre leurs illustres devanciers de la trop fameuse *Légion fulminante*.

Aucun historien n'en a parlé, avant Grégoire de

Tours, au VIe siècle. Ni Sulpice Sévère, ni Zosime, ni Ammien Marcellin, ni Paul Orose n'en ont soufflé mot. On trouve même dans Eusèbe Pamphile, le père de l'histoire ecclésiastique, une preuve négative accablante, à l'encontre de cette atroce légende : il parle de très nombreux martyrs à cette époque; mais il a soin d'observer qu'il y en eut fort peu parmi les gens attachés au métier des armes.

Eût-il dit cela si, au IVe siècle, on eût entendu parler du massacre de toute une légion chrétienne, sous le règne et par l'ordre de Maximien?

Quand il fut bien établi que la légende, rapportée dans tous les martyrologes, jusqu'au XVIIe siècle, ne pouvait être antérieure au VIe, on tenta les derniers efforts pour se procurer un autre témoignage, et l'on découvrit enfin, à la Bibliothèque du Roi (aujourd'hui Bibliothèque Nationale), un martyrologe manuscrit dont on n'indique pas la date, mais dans lequel on prétend reconnaître le véritable texte de saint Eucher, évêque de Lyon, au Ve siècle.

Nous ne saurions accorder à ce seul témoin une autorité suffisante pour nous convaincre.

Il écrit *cent trente-deux ans après l'événement,* et ne s'appuie que sur des on-dit.

Quant aux nombreux ossements que les moines d'Agaune (aujourd'hui Saint-Maurice) présentent comme de précieuses reliques, nous trouvons qu'il était trop facile d'en recueillir bien davantage encore, dans un défilé dont les Romains avaient fait un cimetière, et qu'ont dû franchir de nombreuses légions, au prix des plus sanglants combats.

Non, cela ne se soutient pas, et, malgré les très savantes recherches de Pierre-Joseph de Rivaz *(Eclaircissements sur le martyre de la légion thébaine;* Paris 1779, in-8°), nous préférons nous en tenir aux indications du plus vulgaire bon sens.

Nous voulons bien que le culte de saint Maurice se soit établi, en Valais, vers la fin du IVᵉ siècle; mais il s'agit de savoir quel est le saint Maurice dont il est ici question.

Eh bien! il nous paraît tout simple d'admettre qu'au début, on n'a honoré, dans le monastère de ce nom, que le saint Maurice, tribun militaire dont parle Théodoret, et qui souffrit le martyre, à Apamée, en Syrie, avec soixante-dix de ses soldats, par l'ordre de Maximien.

C'est déjà bien assez comme cela! Au moins avons-nous ici le témoignage d'un véritable historien, contemporain de l'événement.

Ajoutons qu'à une époque où les langues orientales étaient peu connues dans les Gaules, et où l'on commençait à répandre, dans ces contrées, de très nombreuses versions latines des historiens grecs, tels que Eusèbe Pamphile, Théodoret, Philostorge, etc., etc., un scribe valaisan a fort bien pu, de très bonne foi, lire et écrire *Agauna* pour *Apamea,* puis, multipliant par cent le nombre des victimes d'Apamée, supposer tout simplement le massacre de six à sept mille soldats chrétiens, alors que l'empereur Maximien n'en avait fait périr que soixante et onze.

Voilà ce qui nous paraît vraisemblable, et c'est sans crainte que nous livrons cette hypothèse à l'appréciation des sincères amis de la vérité historique.

En tout cas, le saint Julien de Maurienne est apocryphe, en tant que compagnon de saint Maurice, ayant appartenu à la légion thébaine.

Bⁿ DE PONNAT,

*Bibliothécaire de la Société savoisienne
d'histoire et d'archéologie.*

LES

ÉAUX THERMALES DE BONNEVAL-LES-BAINS

ET LES

EAUX GAZEUSES DES GLACIERS

A BOURG-SAINT-MAURICE

(SAVOIE)

—

La commune de Bourg-Saint-Maurice qui avoisine le Mont-Blanc et le Petit-Saint-Bernard, possède deux sources minérales précieuses, inconnues hors de la Tarentaise : les eaux thermales de Bonneval et l'eau gazeuse des Glaciers ; le premier de ces hameaux porte aujourd'hui l'épithète de Bains, nécessaire pour le distinguer de deux autres localités du même nom en Savoie.

I

Les Romains ont probablement utilisé les eaux de Bonneval, d'après une inscription publiée par M.

l'abbé Ducis, archiviste de la Haute-Savoie [1], puisque l'empereur L. Aurélius Verus avait fait rétablir le bain public inondé par les torrents de la localité, avant l'année 168.

Pendant l'occupation française du pays de 1703 à 1713, l'intendance militaire française délivrait des bons aux officiers, pour leur entretien aux bains et pour la nourriture de leurs chevaux [2].

Ces eaux inspiraient, en 1802, une sollicitude spéciale au docte médecin Ch.-H.-A. Despine, d'après le rapport que m'en fit, en 1872, son fils Constant, qui s'y intéressait également beaucoup. M. le docteur Guilland, père, m'écrivait dernièrement que ces eaux méritent qu'on les rende abordables, et qu'on les fasse connaître.

Dans sa statistique du Mont-Blanc [3], Lelivec annonçait que l'humanité en recevrait un grand secours.

Ces vœux sont aujourd'hui réalisés par l'établissement balnéaire, créé, depuis une année, par M. Laurent, le propriétaire actuel, qui a bâti, et qui tient dans le voisinage des Bains, un café-restaurant et dans le village des chambres meublées, comme de coutume.

Le captage heureux des sources [4] a doublé le volume

---

[1] *Questions Archéologiques sur les Alpes de Savoie*, p. 145.

[2] L'instituteur de Versoie, M. Mengeon, possède des bons, délivrés par l'intendance militaire française, vers 1711, lesquels n'ont pas été remboursés à ses ancêtres avant le départ de la troupe.

[3] *Journal des Mines*, 1806. Bibliothèque de M. le baron Duverger à Moûtiers.

[4] Nous ne parlons pas ici de la source de 20 à 25° centigrades sur la rive droite, presque en face du confluent des deux ruisseaux, ni de celle *vitriolée*, qui sourd entre cette dernière et les *Eaux rousses*.

des eaux, qui donne plus de douze cent mille litres par jour, et il en a élevé la thermalité de 35 à 38° centigrades. Douze cellules bien aérées et très commodes, contenant 16 baignoires, avoisinent une salle d'attente, fort utile pour le climat, et à cause du voisinage du torrent, aujourd'hui digué.

Dans une notice sur les eaux de Bonneval-les-Bains, M. le docteur Laissus [1], inspecteur des eaux de Salins et de Brides, dit que les eaux de Bonneval « ont aujourd'hui leur place marquée dans la carte thermale de la Savoie. »

Il ne manque à ces eaux, me disait le regretté chimiste de Chambéry, M. C. Calloud, que les *faveurs de la renommée étrangère*. D'abord il les reconnut salines, sulfatées, chlorurées, ferrugineuses, légèrement sulfureuses, arséniquées et sulfhydratées. Leur saveur est styptique et leur vertu tonique.

Ces eaux chaudes sont réellement puissantes contre les rhumatismes, les sciatiques, les névralgies, les maladies de la peau et du sang. Leur puissance même exige les conseils d'un médecin, surtout prises en boisson, car, jusqu'à ce jour, elles n'ont été utilisées qu'en bains ou en lotions anti-névralgiques. Elles sont depuis peu recommandées en boisson, mais coupées avec du vin et comme toniques.

Le voisinage des trois stations thermales de la Tarentaise et la vertu spéciale de chacune de ces eaux leur procurent un mutuel secours. Seules les eaux de

---

[1] *Notice sur Bonneval...* Bourg-Saint-Maurice, 1878. — Extraite des *Mémoires de l'Académie de La Val d'Isère.*

Salins [1], qui sont des eaux de mer thermales uniques
en Europe, nous vaudront, à cause de l'affluence crois-
sante des étrangers, un plus grand établissement et un
chemin de fer, aussi bien qu'à Plomblières.

Certaine analogie des eaux de Bonneval-les-Bains
avec celles d'Aix-les-Bains en feront une annexe,
avantageuse pour Brides et Salins, malgré le site
élevé (1,040^m) mais pittoresque de Bonneval, au pied
occidental du Petit-Saint-Bernard. La guérison fait
bien vite oublier les inconvénients de la montagne et
apprécier son air pur qui, à lui seul, vaut une station balnéaire. On y voit aussi couler, à côté du
lait [2], les eaux chaudes et les eaux gazeuses naturelles des glaciers, dont il me reste à donner une notice succincte.

II

Les eaux gazeuses naturelles des Glaciers sont ainsi
nommées parce qu'elles avoisinent un village plusieurs
fois séculaire, situé sur l'emplacement des glaciers
aujourd'hui disparus. Il occupe le centre d'un petit
vallon alpestre dépourvu de bois maintenant, à 10 ou
12 kil. en amont de Bonneval. On y rencontre de magni-

---

[1] Plus de 5 millions de litres par jour.

[2] Le hameau de Bonneval dépend de la paroisse de Versoye, section
du Bourg-Saint-Maurice. Or Versoye, en patois Versouya, vient des mots
Var qui signifie *eau*, et *souya* qui signifie *traite du lait*, c.-à-d., cette eau
imite la traite du lait dans sa chute et dans son cours. Elle passe au
grand *Passeu* (passoire) reçoit l'eau du *grand colice* (couloir) de Beaupré,
et enfin, à Bonneval, les cascades de Pis-de-Vache ! L'eau de la Versoya,
Versoie près d'Allinges, imite le goût du lait... et rafraîchit comme lui.

fiques pâturages et des demeures bien bâties pour le pays, auxquelles fut donné le nom de *La Ville*, à 1,800 mètres d'altitude.

On aborde ce hameau, pendant l'été et l'automne, au nord par le col des Fours (2690), au levant par le col de la Seigne (2472), l'Allée-Blanche, le lac Combal et Courmayeur, au couchant par le col du Bonhomme (2480), au midi par le Chapieu (1553), auquel on arrive par Beaufort, Roselen, le *plan de la Laie* et plus habituellement par Bonneval-les-Bains (1040), par le Bourg-Saint-Maurice, sur la route du Petit-Saint-Bernard.

Pour se rendre à la source, le touriste prend pour point de départ la Chapelle; de là remontant le torrent, il trouve un petit pont voûté qu'il ne franchit pas, mais d'où il aperçoit une mare d'eau roussâtre et un dépôt fort apparent d'oxide de fer, duquel jaillit un filet d'eau de 2 centimètres de diamètre. C'est l'eau froide naturelle, gazeuse, crénatée, laxative ou légèrement purgative. La source primitive est plus haut dans la prairie, d'après le témoignage de l'ancien propriétaire, M. Gontard, qui m'assurait, en 1868, qu'on ne buvait que le résultat d'un drainage opéré par lui-même, soit pour éviter le piétinement de la récolte, soit pour obtenir le desséchement du sol.

Le sort de ces eaux dépend donc d'un nouveau captage intelligent, qui peut doubler ou tripler leur volume et leur valeur thérapeutique. Elles varient de 10 à 14° centigrades de chaleur.

Leur avenir dépend de la station thermale de Bonneval-les-Bains, dont les eaux plus dépuratives que

purgatives, feront apprécier les eaux gazeuses purgatives des Glaciers.

D'après la publication de M. le docteur Laissus fils
sur Salins [1], M. Ch. Calloud donne les indications
suivantes sur les eaux des Glaciers : température 14°
centigrades. Terrain : lias, schistes. Minéralisation :
sulfates de chaux, de soude et de magnésie, bicarbo-
nates de soude et de chaux, crénate de fer.

Le chimiste la qualifia d'abord d'eau sélénitéuse,
ferrugineuse et crénatée. Le sulfate de chaux figure
pour les trois quarts de la minéralisation saline. Le
poids des sels anhydres est de 1 gramme 830.

Elles seraient très gazeuses et diurétiques. Le fer en
grande partie combiné avec l'acide crénique se con-
serve en solution dans ces eaux, ce qui n'a pas toujours
lieu, quand il est combiné avec l'acide carbonique.
Une nouvelle expérience a donné pour résultat: sulfates
de chaux, de magnésie, de soude —deux tiers ; bicarbo-
nates de chaux, de soude, chlorure de sodium, silice,
crénate de fer — un tiers. Dans une lettre, l'auteur de
cette analyse m'annonce que la minéralisation de ces
eaux est presque toute formée de sels sulfatés, ce qui
les lui fit ranger dans la classe des eaux salines. « Il est
vrai, dit-il, que cette minéralisation saline n'est pas
très forte, car elle n'est que de 1 gramme 830 milligr.
pour *mille* grammes d'eau ; mais le sel dominant est le
sulfate de chaux ; ceux de magnésie et de soude sont
en minime quantité. Il y a aussi du crénate de fer et
même je les soupçonne légèrement arsénicales, comme
toutes les eaux minérales alpines charriant du fer. »

---

[1] *Salins*, par M. le docteur Laissus fils, page 34.

ANALOGIE, VERTU, GUÉRISONS

Le pétillement de ces eaux à la source supérieure, leur donne de l'analogie avec celles de Vichy, de Seltz, de Vals, mais on ne peut les comparer vraiment, selon M. Calloud, qu'à leurs voisines, celles de Courmayeur dites *Eaux de la Victoire*. M. Despine les croit supérieures à celles-ci [1]. M. le docteur Laissus, père, pense qu'elles remplaceraient avec avantage pour la Tarentaise, les eaux d'Evian et de Saint-Alban. De l'analogie à l'emploi, le pas d'essai est facile. On les coupe utilement et agréablement avec du vin.

Nous conclurons d'ailleurs avec M. le docteur Laissus fils, inspecteur des Eaux de Brides et de Salins, « *que ces eaux éminemment digestives mériteraient* « *certainement d'être popularisées, et pourraient* « *remplacer avantageusement les eaux de table de* « *Saint-Galmier.* » M. Calloud ne leur trouvait pas de rivales pour la qualité rare de conserver leur propriété, malgré le transport.

Voici sa dernière appréciation : « Leur richesse en gaz acide carbonique *libre* les rend agréables à boire, passantes et bienfaisantes, c'est ce qui fera leur réputation; mais minéralogiquement parlant, bien que reconnues pour diurétiques, on ne leur trouve pas les qualités spécialement digestives et absorbantes, apanage des eaux principalement minéralisées par les carbonates alcalins et terreux. C'est la présence heureuse du gaz acide carbonique libre qui fait leur

---

1 *Promenades en Tarentaise*, p. 37.

mérite, et, sans lui, elles seraient lourdes et même très purgatives. Si elles étaient plus chargées en sels sulfatés, elles ressembleraient plutôt aux eaux salines gazeuses purgatives de Sedlitz, d'Egra, d'Epsom. Elles représenteraient alors une fortune considérable. La réputation de ces eaux dépendra d'un nouveau captage, puisque la vraie source n'est pas captée, ni analysée, et que d'ailleurs mes jugements portent sur de l'eau transportée dans des conditions défavorables pour une sérieuse analyse. »

Il appartient à la Faculté de médecine de préciser les vertus curatives, le mode d'emploi de ces eaux, mais il faut aussi lui fournir les éléments de son étude ; or, parmi les guérisons attestées figurent celles des inflammations d'intestins, des aigreurs d'estomac, des lourdeurs de tête provenant d'un prompt travail après les repas, de la respiration d'un air vicié. Ainsi l'instituteur actuel de Versoie a retrouvé la voix et l'appétit par l'usage des eaux gazeuses. Ses deux oncles, robustes vieillards octogénaires, déclarent avoir bu à la source cachée et lui attribuent leur forte santé. Des dames du pays, qui faisaient auparavant usage de l'eau de Vichy, de Saint-Galmier, ont donné leur préférence aux eaux gazeuses des Glaciers.

Une provision annuelle est faite dans le chef-lieu du Bourg-Saint-Maurice par M. Henri Miédan.

L'EAU DES GLACIERS A DOMICILE

On sait que l'eau ordinaire exposée à l'air libre s'évapore. Au bout de quelques mois, la plupart des eaux en flacons débouchés ou non, finissent par se troubler. On voit apparaître un précipité ferrugineux ou à leur surface une espèce de végétation verdâtre, dans laquelle le microscope pourrait découvrir des animalcules qui ont la propriété de décomposer l'acide carbonique en dissolution, en fixant son carbone et en dégageant son oxygène. L'expérience faite sur les eaux des Glaciers a donné un résultat opposé ; le gaz acide carbonique s'est conservé libre, d'où l'on peut conclure que ces eaux peuvent se transporter à demeure.

Les eaux gazeuses des Glaciers viendront un jour, nous l'espérons, trouver à domicile ceux que leurs fonctions ou leurs infirmités en éloignent. Agréables à boire, quoique amarescentes, pures ou coupées avec du vin, elles conviennent aux hommes appliqués à l'étude, dont la digestion est lente. Sauf l'avis des disciples d'Esculape, elles seront utiles dans les maladies chroniques qui fatiguent les organes abdominaux. Mais les frais de transport actuels en élèveront le prix au-dessus de celui de leurs similaires, tant que le chemin de fer en sera trop éloigné.

LA CHAPELLE DES GLACIERS

On demandera naturellement depuis combien de siècles les glaciers ont mis à jour, en se retirant, cette source précieuse ? La seule réponse que je puisse donner, m'est fournie par une visite pastorale du 23 juillet 1653. Mgr Benoît Théophile de Chevron Villette constatait que la chapelle des Glaciers était fort ancienne, environnée d'un cimetière, munie d'antiques fonts baptismaux. On y célébrait la sainte messe pendant trois mois de l'été en alternant la célébration dans la chapelle des Chapieux, depuis le 24 juin jusqu'au 14 septembre.

Cette fonction était déjà à la charge du Recteur de l'hôpital du Bourg (fondé de nouveau en 1358, par Marguerite Flandin, veuve d'Antoine Ferrier).

L'ancien oratoire de style roman avec abside a été reconstruit en style moderne, en 1857.

La chapelle des Chapieux, sa voisine, porte également des traces de haute antiquité. Elle fut construite ou reconstruite, selon la tradition, par les religieux de Saint-Maurice d'Agaune, qui ont laissé au pays le culte de saint Maurice et celui de saint Sigismond contre la fièvre. La vieille statue du saint orne encore la porte d'entrée de la chapelle dédiée à saint Jacques d'Assyrie, premier apôtre certain des Ceutrons, dès 380.

———

La découverte récente des mines d'or dans nos parages contribuera, avec nos établissements balnéaires, à faire compléter les voies de communication. Ces gisements rappellent un texte de Pline sur l'*Orichalque* des Ceutrons, dont Salluste, le neveu, avait obtenu l'exploitation [1]. M. Ducis assurait avoir constaté des restes d'anciens travaux métallurgiques aux montagnes de Mâcot, de Granier et de Beaufort. Outre les nombreux objets en bronze trouvés en diverses localités de la Tarentaise [2], on a découvert depuis, à Aime, des fourneaux et de petits moules pour or.

M.-A. Tremey.

———

[1] *Hist. natur.*, xxxiv, 2.
[2] *Questions archéologiques et historiques, etc.*, p. 90, 93, 136.

DE

LA LOTTE D'EAU DOUCE VIVIPARE

ET DE

LA PÉRIODE D'INTERDICTION DE LA PÊCHE

—

La lotte d'eau douce, *gadus lota* de Linnée, Cuv., Lacép., Bloch, etc., famille des Gadoïdes de Cuvier, est considérée par la plupart des auteurs comme ovipare, et quelques-uns émettent l'avis qu'elle est quelquefois vivipare.

Lacépède, page 94, tome II, Furne 1844, dit : « On a écrit que dans quelques circonstances la lotte était vivipare, c'est-à-dire, que les œufs de cette espèce de gade éclosaient quelquefois dans le ventre même de la mère, et par conséquent avant d'avoir été pondus.

« Cette manière de venir à la lumière... supposerait dans ce gade un véritable accouplement du mâle et de la femelle, et lui donnerait une nouvelle conformité avec l'anguille. »

Diverses fois, notamment le 14 mai 1878, j'ai trouvé dans le ventre d'une lotte une quantité de petites lottes vivantes, ayant un centimètre de long, la tête allongée comme celle du brochet, 2 nageoires pectorales, 2 dorsales à la suite l'une de l'autre peu séparées, une anale. Les yeux et les nageoires se détachaient en noir sur le corps blanchâtre et transparent, les petites lottes nageaient en se repliant et en s'étendant à droite et à gauche, un peu à la manière des puces d'eau.

J'ai mis quelques-unes de ces petites lottes dans un aquarium, je n'ai pu ensuite en retrouver vestige; leurs corps peu consistants ont dû s'aplatir sur les coquillages et cailloux du fond.

PÉRIODE D'INTERDICTION DE LA PÊCHE

La période du frai de la lotte est de décembre à la fin de mars, mais par exception l'on trouve quelques lottes dont le frai se retarde beaucoup. Répondant à une observation d'un pêcheur de Talloires, par une lettre du 30 mai 1872, M. le Préfet de la Haute-Savoie dit qu'il n'est pas possible d'introduire aucune modification aux prescriptions du 25 février 1868, qui fixent pour la lotte l'interdiction de pêcher, du 15 avril au 15 juin.

Il est présumable que l'on assimile la lotte d'eau douce à ses congénères, les gades, et surtout aux gades morues, dont la pêche n'est profitable qu'en hiver.

Par lettre du 22 février 1876, M. le Préfet promet de s'occuper de la question de pisciculture que je lui ai soumise en envoyant des lottes en pleine gestation.

Pour ne pas changer les époques usuelles des interdictions de pêche, il serait désirable que l'interdiction de la pêche de la lotte fût comprise dans la période des salmonidés (truites) d'octobre à fin février, et non du 15 avril au 15 juin, époque où la lotte fraie le moins.

L'on accuse la lotte de détruire les œufs de poissons. Elle vit beaucoup de larves d'insectes aquatiques; et lors même qu'elle mangerait quelques œufs de chevêne, il n'y aurait pas grand mal. Elle ne peut manger les œufs de truite, qui se déposent dans le haut des rivières et non dans le lac. Quant aux œufs de perche, ils sont en rubans attachés aux herbages, par conséquent difficilement attaquables par les lottes.

Conclusions : la lotte est un excellent poisson qu'il est utile de propager.

La lotte est sûrement quelquefois vivipare.

L'interdiction de la pêche de la lotte doit avoir lieu à l'époque de l'interdiction de la pêche de la truite et non à l'époque de l'interdiction de la pêche des cyprins.

JEAN-BAPTISTE POULET.

GUILLAUME FICHET

—

COMMUNICATION FAITE PAR M. JULES PHILIPPE

—

RÉSUMÉ

—

M. Jules Philippe, député de l'arrondissement d'Annecy, ancien secrétaire de la Société Florimontane, a fait une communication relative à une étude biographique qu'il prépare sur Guillaume Fichet. Il s'est excusé de ne pas présenter au congrès un travail complet et terminé ; mais il a pensé que ses confrères n'entendraient pas sans intérêt l'exposé de ses recherches et du but qu'il se propose d'atteindre. Depuis de longues années, M. Jules Philippe s'est appliqué à faire connaître les hommes illustres ou simplement remarquables originaires de la Savoie, afin de restituer à ce pays le rang qui lui est dû dans les annales intellectuelles des peuples, rang que lui ont enlevé certains préjugés universellement répandus. En écrivant la biographie de Guillaume Fichet, il ne fait que continuer l'œuvre patriotique qu'il a entreprise, en même temps qu'il prouve sa fidélité aux études historiques que ne lui ont point fait abandonner les graves et nombreuses occupations que lui occasionne sa situation.

De tous les hommes remarquables produits par la Savoie, Guillaume Fichet est peut-être celui sur lequel on a publié le moins de détails biographiques, et cela faute de renseignements. M. Jules Philippe a été assez heureux pour retrouver de précieux documents sur notre compatriote, dans les bibliothèques de Paris. Il a pu reconstituer à peu près complètement l'histoire de Guillaume Fichet, depuis l'arrivée de ce professeur à Paris et son entrée à la Sorbonne, comme élève, jusqu'à sa mort arrivée à Rome vers 1474. Il peut rectifier des notions répandues et répétées jusqu'à ce jour sur les faits et gestes de cet humble enfant de nos montagnes, qui, parti du Petit-Bornand sans autre bagage que son ardent amour de la science, est parvenu, au bout de quelques années, au grade de professeur de rhétorique à la Sorbonne et bientôt après au poste de recteur de l'Université de Paris.

Mais ce qui a attiré surtout l'intérêt de M. Jules Philippe sur Guillaume Fichet, c'est la part qu'a prise ce professeur à l'introduction de l'imprimerie à Paris, à la fin de 1469. Cet acte de notre compatriote constitue en effet un grand titre de gloire et pour lui et pour son pays d'origine. Tous les auteurs qui ont écrit sur ce sujet ont bien cité Guillaume Fichet comme le principal créateur de l'établissement typographique qui s'installa dans les bâtiments mêmes de la Sorbonne, et commença à imprimer dans les premiers mois de 1470 ; tous ont bien cité le traité de rhétorique de Fichet qui fut l'un des premiers livres imprimés à Paris, et le premier sorti d'une plume française. Mais aucun n'a traité ce sujet en détail et avec toute l'attention que méritait un pareil évènement ; quelques-uns même ont mal exposé les faits, mal désigné la part qui revient aux divers personnages engagés dans la question. M. Jules Philippe espère pouvoir compléter le récit des uns et rectifier les erreurs des autres, grâce aux documents qu'il a sous les yeux.

Ces documents consistent surtout en un recueil de lettres qu'il a retrouvé à Paris ; ce recueil précieux, cité par quelques bibliographes, mais non utilisé jusqu'à ce jour, contient une partie de la correspondance de Guillaume Fichet avec le cardinal Bessarion, ce savant cardinal grec qui fut un des principaux promoteurs de la Renaissance en Italie. Il faut ajouter à ce document de nombreuses publications faites en ces dernières années, et dans lesquelles on trouve, éparpillés au milieu des textes ou des notes, de précieux renseignements sur Fichet et ses actes. Le tout étudié, classé, coordonné, pourra produire, on le comprendra, un travail complet et intéressant. Ce travail sera accompagné de la description minutieuse du recueil de lettres cité plus haut, du traité de rhétorique dont les principales bibliothèques de l'Europe possèdent des exemplaires, ainsi que des autres ouvrages imprimés auxquels Guillaume Fichet a collaboré.

M. Jules Philippe a terminé son exposé par quelques considérations sur l'utilité des recherches historiques locales, qui sont un puissant moteur des sentiments patriotiques. Il voudrait voir les jeunes générations s'occuper un peu plus de ces études qui élèvent le cœur, et meublent l'intelligence de notions qu'il n'est permis à aucun citoyen d'ignorer : l'homme qui se désintéresse des choses de son pays natal, de sa petite province, de sa ville d'origine, voire de son village, est bien près de ne plus ressentir l'émotion que doit faire naître dans le cœur du vrai citoyen le mot de *Patrie !*

LA JUSTICE CRIMINELLE

DANS LES HAUTES VALLÉES DES ALPES

AU MOYEN AGE

—

COMMUNICATION DE M. ANDRÉ PERRIN

—

J'ai l'honneur de déposer sur le bureau le premier volume de documents relatifs au prieuré et à la vallée de Chamonix ; le second est en cours d'impression.

Cet important cartulaire, dont le manuscrit comprend plus de trois cents actes, est dû aux recherches infatigables de M. Bonnefoy, notaire à Sallanches, qui, pendant plus de quarante ans, a fouillé les archives de Chamonix et de Sallanches. Vous regretterez, comme moi, que son grand âge ne lui ait pas permis de se rendre à notre réunion.

A la mort de notre regretté confrère Burnier, qui avait entrepris l'étude de ces documents, et devait écrire une histoire de Chamonix, M. Bonnefoy voulut bien me confier la publication de cet important recueil dont l'Académie de Savoie vota l'impression dans ses

Mémoires. Les pages que je vais vous lire sont en partie extraites des documents sur Chamonix et de quelques autres relatifs aux vallées d'Abondance, de Sixt et de St-Maurice d'Agaune, sans doute occupées par des tribus burgondes qui, lors de la chute de l'empire romain, envahirent nos contrées, et prirent en partie la place des anciens propriétaires du sol ou s'établirent dans ces hautes vallées encore inoccupées.

A partir du XIIᵉ siècle, les chartes établissent une distinction entre le droit criminel et le droit pénal, distinction bien plus marquée dans nos hautes vallées des Alpes. L'exercice de la justice criminelle était réservé aux syndics ou aux bons-hommes élus par leurs pairs à l'exclusion des prieurs, maîtres du sol, et de leurs juges. Cette importante prérogative qui remontait aux libertés germaines, fut maintenue intacte pendant toute la durée du moyen âge dans la plupart des hautes vallées de la Savoie et du Valais. L'homme libre était le Germain investi des droits politiques, le guerrier possédant un héritage, exempt de servage, qui au moyen âge s'appela *bonus homo, probus homo,* bon-homme.

Les populations, chez lesquelles les anciennes libertés et en particulier le droit de rendre la justice avaient été conservés, portaient le nom de *consuétudinaires ;* et dans leurs demandes de confirmation des franchises locales, nous les voyons toujours réclamer le maintien de leurs bonnes et anciennes coutumes. Et lorsque des contestations s'élèvent spécialement à l'égard du droit de rendre la justice, elles insistent, ainsi que le fit la communauté des bons-hommes, des habitants et des sujets du prieur de Chamonix, en 1338, réclamant que dans les causes et les affaires criminelles soit observé ce que dicte l'ordre du droit et de la coutume. Les officiers du prieur avaient fait le procès à une truie accusée d'avoir tué un enfant, et l'avaient condamnée à mort; les bons-hommes demandèrent que la cause leur fût remise. Une enquête fut ordonnée par le prieur Antoine de Saint-Amour; il en résulta que, de temps immémorial, en conformité des bonnes et anciennes coutumes, la communauté des bons-hommes avait le droit de juger les criminels comme juges et *cognitores* du prieur et du prieuré, de rendre des sentences et d'absoudre les accusés après instruction de l'affaire par un clerc de la curie. Les témoins rapportèrent à l'appui du droit de la communauté les jugements suivants : condamnation d'un voleur au pilori, acquittement d'un accusé non coupable, la peine de mort prononcée contre un homme qui avait enlevé l'oreille d'un enfant, le bannissement prononcé contre un homme après avoir été battu de verges. Ces faits furent ténorisés dans un acte, et le prieur dut confirmer un droit qui constituait pour lui une infériorité par l'impossibilité où il était d'établir des fourches patibulaires aux extrémités de son territoire en signe d'omnimode juridiction. Un acte d'opposition fut fait par les syndics de Chamonix, en 1368, contre la prétention du prieur de vouloir en faire établir; l'affaire fut déférée à l'abbé de Saint-Michel de la Cluse qui donna toutefois raison à la communauté.

Nous allons exposer l'ordre suivi dans l'instruction des affaires criminelles, l'interrogatoire et la comparution des accusés et la reddition du jugement. Pendant le laps de temps fixé avant la remise de l'affaire aux prud'hommes, le châtelain et le clerc de la curie procédaient à l'enquête dont ils remettaient toutes les pièces aux trois prud'hommes chargés de l'étudier ; ceux-ci étaient obligés au secret. A Chamonix, ces juges étaient nommés par la réunion des bons-hommes *(probi homines, boni homines)*; à Abondance, l'exercice de la justice appartenait aux syndics nommés à l'administration de chacun des hameaux.

Le prieur devait procurer à ses frais aux prud'hommes un jurisconsulte ou conseiller en loi choisi hors du territoire ou sans aucun pouvoir dans l'étendue de la juridiction du prieuré ; sa nomination était soumise aux syndics libres de l'accepter ou de la refuser. Dans la plupart des cas, cette charge était remplie par le juge du prieuré, qui se démettait auparavant de sa charge. Le rôle de ce conseil consistait à faire connaitre son opinion sur la cause, la législation en vigueur et les peines qu'il croyait encourues par le coupable, sans que les prud'hommes fussent tenus de s'en rapporter à son opinion ou d'en tenir compte. Les dossiers des causes criminelles jugées par les prud'hommes et les jugements rendus contre eux, que M. Bonnefoy a pu retrouver pour Abondance et pour Chamonix, nous font connaître les détails des procédures. Tout accusé de crime devait être traduit devant le tribunal des prud'hommes, au plus tard trois jours après son arrestation, par les officiers du prieur et être remis à la garde du métral pendant un jour et une nuit. L'un des prud'hommes nommé juge et rapporteur de la cause *(cognitor)* était chargé de rédiger et de rendre le jugement d'après la décision prise avec ses collègues. Pour le couvrir de la responsabilité qui lui incombait d'une façon plus particulière par suite des condamnations qu'il pouvait prononcer, les syndics et les procureurs de la communauté s'engageaient à le sauvegarder, et lui en donnaient des lettres testimoniales.

Le jour de la comparution, qui avait lieu en public sur la place du prieuré, l'accusé était amené devant le tribunal et interrogé par le juge. Lecture de l'acte d'accusation, des interrogatoires et de l'enquête était faite par le notaire en langue latine d'abord *(lingua romana)* et ensuite en langue vulgaire *(laïca lingua)*, pour que ces actes fussent compris de l'accusé et de tous les assistants.

La cause entendue, le juge prenait l'avis du conseil, et rendait ensuite la sentence au nom des syndics et d'après la décision des prud'hommes. Les syndics faisaient dresser par les notaires acte du jugement et de la sentence. Absous, l'accusé était immédiatement relâché ; condamné, il était remis de nouveau aux mains du châtelain, chargé de faire exécuter la sentence.

Les jugements criminels rendus par les prud'hommes entraînaient souvent la perte d'un membre, la mort par la corde ou par le feu, le bannissement après avoir subi la peine du fouet. Une condamnation à ces dernières peines, rendue à Abondance, le 23 juillet 1562, nous a été conservée en langue vulgaire.

« Nous, scindiques, prodhomes et communiers de

« la Vaux d'Abondance, procédant comme en tel cas
« avons eu de coutume, ordonnons, connaissons et par
« notre définitive sentence, prononçons toi Antoine
« (Brelat) enqueruz devoir être, par les officiers de
« R^d seigneur Monsieur d'Abondance, remis aux
« mains du maître exécuteur de la justice et être par
« icelui dépouillé depuis le nombril en sus et être
« battu de verges publiquement ès lieux où seront
« gens congregés pour voir la justice et mené d'ici
« jusqu'au lieu accoutumé de sous les Saix, auquel lieu
« tu demanderas à Dieu pardon de ton offense et re-
« mercieras la justice de ton bon châtiment, et en
« après cela fait, connaissons toi devoir être banni de
« la dite Vaux et des limites d'icelle pour le terme
« d'un an et d'un jour, rière la dite Vaux durant le
« dit terme tu ne te trouveras. »

Cette langue vulgaire ou laïque est un français déjà
pur qui fait regretter de n'avoir pas un plus grand
nombre de ces actes, qui présenteraient un intérêt plus
grand que ceux en langue latine que nous possédons en
si grande quantité.

Les condamnations au dernier supplice avaient lieu
dans les cas assez nombreux de sorcellerie et d'hérésie ;
la teneur des jugements parvenus jusqu'à nous reflète
d'une manière toute spéciale l'esprit de l'époque. Les
cruautés exercées contre les sorciers et les hérétiques,
au moyen âge, ne sont point, comme on l'a souvent
avancé, le fait du clergé seul ; l'on semble avoir oublié
l'état des croyances, à cette époque, dont le peuple,
comme toutes les classes de la société, a subi les
influences. Les traitements barbares auxquels les cou-

pables étaient condamnés, découlaient de la barbarie de leur siècle, et à la fin du xviiᵉ siècle, un sénateur du Sénat de Savoie écrivait encore : « que les jugements « rendus contre les sorciers ne sont pas des songes n'y « à l'égard des juges, n'y à l'égard des accusés. »

Les pays protestants, comme les pays catholiques, adoptèrent les lois civiles contre les sorciers et les hérétiques regardés comme rebelles à Dieu et comme auteurs de séditions contre l'Etat, et nommèrent des commissions d'enquête et des inquisiteurs chargés d'en purger le pays. Les croyances à la sorcellerie étaient tellement répandues que, par suite d'une véritable aberration de l'esprit, un grand nombre de personnes, prenant des rêves et des imaginations pour la réalité, se croyaient réellement en rapport suivi avec Satan ou avec les sorciers, et douées de pouvoirs considérables sur les hommes et sur les créatures.

Les accusés d'Abondance et de Chamonix dont nous possédons les jugements et les condamnations, paraissent avoir tous été dans ce cas. Les juges ne sont plus ici des inquisiteurs ou des commissaires spéciaux, le tribunal est composé des syndics ou des prud'hommes nommés par les habitants. De tous leurs actes ressort un sentiment de justice en faveur des accusés et des efforts presque toujours inutiles pour les ramener de leurs erreurs et leur éviter de cruelles condamnations ; condamnations que l'obstination des accusés à maintenir la vérité de leur dire et les faits qui leur étaient imputés et à ne point vouloir renoncer à leurs prétendus rapports démoniaques, rendait en quelque sorte inévitables et nécessaires.

L'analyse de quelques-uns de ces jugements fera mieux juger de leur esprit. En 1458, les prud'hommes de Chamonix instruisent contre Guiga, veuve de Millieret, Balmat, dit Monard, de Chamonix et Rolette, veuve de Jean Duc de Vallorcine.

Les accusées conduites dans l'église de Chamonix y sont interrogées par Pierre Ginod, professeur de théologie et inquisiteur, puis remises par lui au châtelain qui les conduit devant l'aire de la grange du prieuré où siégeaient les prud'hommes et les syndics, en requérant leur condamnation comme hérétiques. Après avoir entendu la lecture des actes d'accusation et interrogé les accusées qui n'alléguèrent rien de juste à l'encontre des accusations portées contre elles, Jacques Bollet, au nom des syndics et de la volonté et du consentement de la majeure partie des bons-hommes, les condamne à mourir dans un feu grand et terrible, afin que cette mort inspire de la crainte à ceux qui tenteraient de les imiter.

En 1462, un procès plus grave se déroule devant le même tribunal; huit accusés des crimes d'hérésie et de sorcellerie, après avoir été examinés par Claude de Pup, vice-inquisiteur, sont amenés devant les prud'hommes sur la place publique remplie par une foule considérable. Le notaire donne lecture, en langue laïque, des actes d'accusation, des interrogatoires, des confessions et des aveux faits par les accusés.

Ceux-ci reconnaissent avoir renié Dieu et rendu hommage au diable sous des formes feintes *(fictis speciebus)* en fléchissant le genoux devant lui, d'avoir eu des rapports charnels avec des animaux *(annuale prestationem animalium)* etc. Après un nouvel interrogatoire et la présentation de leurs moyens de défense, les accusés n'ayant pas voulu revenir de leurs erreurs ou promettre de s'amender, et ayant plusieurs fois confessé leurs erreurs et leurs crimes, et affirmé leur assistance à des synagogues ou conventicules, sont reconnus sorciers et hérétiques et condamnés à être brûlés devant le peuple dans un lieu élevé. Des condamnations plus barbares sont portées contre Peronette, veuve de Michel de Ochiis (des Houches) qui s'est rendue coupable de crimes plus grands *(nephandissima)* par des rapports répétés avec le diable, des péchés contre nature, d'avoir mangé des enfants à la synagogue et commis d'autres crimes qui ne peuvent être rapportés, est condamnée à être attachée à une colonne de justice en bois haute et visible sur un fer rouge et ardent, pendant la 20e partie d'une heure (3 minutes) avant que l'on mette le feu à la masse de bois sur laquelle elle sera placée pour être brûlée. Jean Greland qui s'est, outre le crime d'hérésie, rendu coupable de crimes inhumains, qui a foulé aux pieds le corps du Christ, le signe de la croix figuré à terre, fait hommage au diable, l'a embrassé au derrière et aux parties honteuses en signe d'hommage, a promis et payé des tributs annuels pendant plusieurs années, a ensorcelé diverses personnes et commis plusieurs crimes qui ne sont pas relatés *(ex bonis respectibus)*, est condamné à être conduit au lieu où il a commis ses crimes, soit au lieu de justice voisin, pour avoir la partie inférieure du pied coupée et être conduit mort ou vif au dernier supplice, être lié à une colonne et brûlé avec son pied.

7

Les jugements rendus à Abondance dans des causes semblables qui nous sont parvenus, contiennent moins de détails que les précédents ; nous citerons seulement un jugement du 10 septembre 1502 pour crime d'hérésie. Les syndics et les consuétudinaires, parce qu'il leur conste par la confession spontanée de ladite Claudia qu'elle a commis le crime d'hérésie et plusieurs autres délits, ont déclaré ladite Claudia, amenée en leur présence par le noble Métral, devoir être constituée et conduite au lieu dit le Pas d'Abondance, à l'incendie du feu pour être brûlée jusqu'à ce que son âme soit séparée de son corps. Ils déclarent en outre contre l'usage qu'avaient les juges d'Abondance de se réserver les biens des condamnés, que ses biens appartiendront à ses proches.

Les documents que je viens de vous faire connaître, vous montrent l'importance du recueil de M. Bonnefoy pour l'histoire des hautes vallées des Alpes et en particulier pour celle de Chamonix. Le chapitre relatif à l'établissement des Burgondes et des Alemani que de récentes études ont fait distinguer les uns des autres ; l'envahissement du régime féodal et les luttes des bons hommes pour le maintien de leurs libertés, présenteront surtout un grand intérêt dans l'histoire de Chamonix, histoire que ces chartes m'ont permis de préparer.

UNE FAMILLE SAVOISIENNE

D'ORIGINE CYPRIOTE

—

COMMUNICATION FAITE PAR M. JULES VUY

—

M. Jules Vuy, vice-président de l'Institut genevois, fait une communication verbale sur une famille noble de Savoie, éteinte dans la seconde moitié du dernier siècle, la famille *de Baillans* (ce nom a été écrit de diverses manières et les documents originaux ne concordent pas à cet égard). Il établit, par des extraits de chartes authentiques, inédites, concernant cette famille, qu'elle était originaire de l'île de Chypre, et qu'elle vint se fixer en Savoie à l'époque du duc Louis, dans le quinzième siècle ; cette origine cypriote était inconnue de Guichenon et des autres historiens qui ont parlé de cette famille ; elle résulte d'une manière certaine des pièces citées par M. Vuy.

La famille de Baillans eut des possessions considérables dans la Semine et dans les environs ; elle s'allia successivement à plusieurs des principales familles de la Savoie, et parait avoir occupé un rang assez élevé dans le monde féodal. Sa généalogie peut être complétée sur plusieurs points, en suite de documents qui n'ont pas encore été utilisés jusqu'à ce jour. Un ou deux de ces documents ont été imprimés par M. Vuy dans les *Mémoires de l'Institut genevois*. Presque tous les pays retrouvent une partie de leur histoire dans les pays voisins; un travail quelque peu détaillé sur ce point, avec publication d'autres pièces à l'appui, aurait son intérêt et son originalité.

Cette étude permettrait, en particulier, de juger de plus près et avec plus de connaissance de cause le faible caractère du duc Louis ou plutôt son absence de caractère et l'ascendant extrême, sans limites, qu'exerçait sur lui sa belle et impérieuse épouse, Anne de Cypre. La toute-puissance de cette femme sur un prince sans énergie, peu soucieux de sa dignité, est constatée par une ou deux citations que fait M. Vuy, et qui provoquent dans l'assemblée un sentiment de surprise, d'étonnement, peu favorable à la mémoire du duc.

Sous ce rapport, le travail de M. Vuy aurait un intérêt plus général que celui de la simple généalogie d'une famille noble : il fournirait à l'histoire quelques données nouvelles.

L'influence que l'île de Chypre exerça sur la Savoie, qu'exercèrent ceux des Cypriotes qui vinrent s'établir au pied des Alpes, et qui y demeurèrent définitivement, est un sujet qui n'a pas été suffisamment approfondi jusqu'à ce jour, qui mériterait d'être étudié de plus près, et sur lequel M. Vuy, à la fin de sa communication, attire particulièrement l'attention de MM. les membres du congrès.

Peut-être y aurait-il encore, çà et là, dans ce domaine, quelques filons nouveaux à exploiter; il serait regrettable de n'en pas tenir compte et de les négliger. Les luttes longues et acharnées, entre Cypriotes et Savoisiens, donnent à cette époque de l'histoire un cachet tout spécial, une physionomie agitée, un caractère des plus dramatiques et des plus intéressants.

NOTES INÉDITES

SUR SAINT FRANÇOIS DE SALES

Présentées par M. l'abbé Léon Bouchage

—

(RÉSUMÉ)

—

Ordinations célébrées par saint François de Sales.

Il est bien minime le travail que j'ai l'honneur de présenter au Congrès des Sociétés savantes de la Savoie. Vous n'y cueillerez ni fleurs parfumées, ni fruits à la sève immortelle, comme paraît le demander la célèbre devise qui préside à vos études, *Flores fructusque perennes*. Néanmoins, j'ose solliciter pour lui la faveur d'un accueil indulgent, parce qu'il arrive avec le désir d'ajouter une parcelle de lumière à l'auréole de notre saint compatriote, François de Sales, évêque de Genève, docteur de l'Eglise et fondateur de la première Académie qui ait fleuri sur le penchant de nos belles montagnes.

Ayant obtenu, ces années dernières, de Mgr Claude-Marie Magnin, de si douce et regrettée mémoire, l'autorisation de consulter les archives de l'ancien évêché de Genève, je rencontrai, tout en feuilletant sur le sujet qui m'occupait, la suite des ordinations célébrées par saint François de Sales. J'eus l'idée d'en

dresser un état statistique, et je vous l'apporte aujour-
d'hui avec la légende explicative qui lui sert de pré-
face. Je vais indiquer rapidement le plan de ce travail,
et signaler le profit que l'histoire peut en tirer.

Le plan est simple. Il comprend une série de tableaux, dans lesquels sont enregistrés les dates, qualités et chiffres des ordres conférés. Il y a autant de
tableaux que d'églises différentes, théâtres d'ordinations générales. Sous un titre générique, j'ai réuni
les ordinations partielles et inférieures. Le tout se
complète par une table synoptique, où sont groupées,
à côté des sommes totales, des moyennes pour chaque
période de cinq années.

Quant au profit historique, le voici, tel du moins que
j'ai cru l'entrevoir.

1º Cette statistique est un recueil de dates pour des
faits connexes.

2º Elle corrigera quelques erreurs de détail échap-
pées aux biographes de saint François de Sales, soit à
Charles-Auguste, dans son édition française, soit à
MM. Hamon et Fr. Pérennés.

3º On lui empruntera un nouvel argument à l'appui
du zèle infatigable déployé par le saint évêque au cours
de ses visites pastorales. Car non seulement, malgré
l'excessive difficulté des routes, qui l'obligeait fré-
quemment de voyager à pied, il parvint à visiter la première partie de son diocèse, c'est-à-dire, 260 paroisses,
en 139 jours, laissant partout des procès-verbaux, remarquables de gravité, de laconisme et de précision,
véritables documents pour les monographies locales,
mais encore il jugeait les différends, terminait les

procès, réconciliait les partis, et administrait le sacre-
ment de l'Ordre à ceux qu'il en estimait dignes.

4º Les églises paroissiales, qui ont reçu ce privilége,
seront satisfaites d'apprendre, avec plus de détails,
que, dans leurs murs, ont eu lieu des ordinations par
saint François de Sales. Au commencement du xviiᵉ
siècle, faute de grands-séminaires, les élèves ecclésiastiques allaient se former dans des abbayes, dans
des colléges, ou chez des prêtres séculiers pieux
et savants. C'est de là qu'ils venaient se présenter
pour les ordres. En face des difficultés créées par cet
état de choses, les évêques profitaient de leur présence, dans une localité centrale, à l'époque des
Quatre-Temps, pour convoquer les candidats. Ainsi
François de Sales fit des Ordinations à Cramves, en
1606, y procédant à la visite pastorale; à La Roche,
en 1605, y prêchant le Carême; à Rumilly, en 1606,
y procédant à la visite pastorale; en 1608, y prêchant
le Carême; à Thonon, en 1603, dans l'église de Saint-
Augustin, lors de son pèlerinage à Notre-Dame de Compassion; en 1611, en cours de visite préfectorale; en
1614, à l'occasion de son voyage à Sion dans le Valais
pour le sacre de Hildebrand Josse ou Jodoque; à Viuz-
en-Sallaz, en 1604, au retour de son pèlerinage à
Saint-Claude-en-Bourgogne; à Chambéry, en 1606,
dans l'église de Saint-Antoine, et en 1612, dans la
chapelle de la Confrérie de la Croix, avec l'autorisation de l'Ordinaire, pendant le Carême qu'il y prêchait.
Pourtant, c'était là une exception. D'après la règle,
ces fonctions s'accomplissaient à Annecy, siége de
l'Evêché. Or, dans cette ville, deux églises se partagent

la gloire d'avoir servi pour ces majestueuses cérémonies : Saint-François et Sainte-Claire ; la première, de 1602 à 1610 ; la deuxième, de 1610 à 1622. Pourquoi cette substitution, dira-t-on ? La meilleure explication est, peut-être, dans la proximité de Sainte-Claire, de l'hôtel du président Favre devenu palais épiscopal, dans le courant de l'année 1610, date extrême des dernières ordinations faites à Saint-François.

5° L'examen des mêmes registres révèle cette particularité que saint François de Sales se déchargea sur son frère et coadjuteur, Jean-François, du soin de célébrer les Ordinations, à partir de 1621. La dernière qu'il ait faite, porte la date du 19 décembre 1620.

6° Enfin, sans prétendre à des conclusions rigoureuses, cette statistique fournirait des bases pour la question des vocations ecclésiastiques dans le diocèse de Genève, au commencement du XVIIe siècle. Assurément ces données ne sont pas absolues. Car d'un côté, il manque le nombre des ordinations générales de 1606 à Rumilly et à Cranves, ainsi que celui des lettres dimissoriales délivrées, en l'absence de l'évêque, dans les années 1608, 1609, et aussi peut-être 1612, 1617, 1618, 1619. D'un autre côté, outre les trois ordinations de Chambéry, nous devons reconnaître que des prêtres étrangers venaient volontiers demander les ordres au saint prélat. Néanmoins, nous pouvons tirer de nos tableaux, tels qu'ils sont, la preuve de la progression ascendante des bonnes vocations sous l'épiscopat de saint François de Sales.

En effet, dans le mouvement de cette époque vers le ministère sacerdotal, il se produit, aux yeux de l'observateur attentif, un double courant en sens contraire. Pendant que s'abaisse le nombre des clercs, celui des prêtres s'élève. Les cadets de famille, qui n'entraient dans la cléricature que par ambition de bénéfices, s'éloignent peu à peu d'un état rendu moins attrayant à la nature par la sévère application des lois canoniques; et la moyenne de leurs ordinations descend graduellement de 118,20 à 70,40, à 67, à 63,20.

Parallèlement, les vrais dévouements se multiplient. Tandis que, pour les cinq dernières années de l'épiscopat de Mgr Claude de Granier, la moyenne des prêtres ordonnés n'était que de 20 par an, cette moyenne monte, sous son illustre successeur, à 22 pour les années 1602-1606, à 33,80 pour les années 1607-1611, à 61,40 pour les années 1612-1616 et à 53 pour les années 1617-1621. Ainsi sont réduites les présomptueuses accusations de l'historien du P. Bourdoise reprochant à saint François de Sales de négliger la formation d'un bon clergé et de se livrer presque exclusivement à la conduite des personnes du sexe. [1]

Les indications abrégées des jours ecclésiastiques se lisent ainsi : *Sabbato quatuor temporum post sanctam Luciam,* que l'on fête le 13 décembre, *post Exaltationem Crucis,* dont la fête se célèbre le 14 septembre, *post Cineres, post Pentecosten,* fêtes mobiles.

Quand il n'y avait pas de fête proche, on indiquait le jour par le premier mot de l'*Introït* de la messe de ce jour : *Ad Sitientes,* pour le samedi avant le dimanche de la Passion.

[1] Vie de saint Vincent de Paul par Maynard, t. 2, l. IV, ch. 1, p. 19.

Ordinations célébrées à Annecy dans l'Eglise de Saint-
François (aujourd'hui Cathédrale).

DATES DES ORDINATIONS			QUALITÉS DES ORDRES				
Année.	Mois.	Jour ecclésiastique.	Tonsure.	Ordres Mineurs.	Sous Diaconat.	Diaconat.	Prêtrise.
1602	21 déc.	Sabb. Q. T. p. S. Luci.	18	17	4	11	6
1603	22 fév.	Sabb. Q. T. p. Cineres.	36	25	6	7	5
	15 mars.	Sabb. ad Sitientes.	3	2	»	»	8
	21 m i.	Sabb. Q. T. p. Pentec.	26	19	1	6	3
	20 déc.	Sabb. Q. T. p. S. Luci.	26	20	13	5	4
1604	12 juin.	Sabb. Q. T. p. Pentec.	28	20	21	4	9
	18 déc.	Sabb. Q. T. p. S. Luci	13	11	10	10	6
1605	4 juin.	Sabb. Q. T. p. Pentec.	45	24	3	3	2
	24 sept.	Sabb. Q. T. p. Ex. Cr.	13	10	10	8	11
	17 déc.	Sabb. Q. T p. S. Luci.	15	13	3	9	5
1606	20 mai.	Sabb. Q. T. p. Pentec.	30	30	8	11	7
	23 déc.	Sabb. Q. T. p. S. Luci.	14	17	8	9	5
1607	10 mars.	Sabb. Q. T. p. Cin.	52	5	7	11	11
	9 juin.	Sabb. Q. T. p. Pentec.	5	9	6	5	2
	22 sept.	Sabb. Q. T. p. Ex. Cr.	15	14	11	8	9
	22 déc.	Sabb. Q. T. p. S. Luci.	8	8	10	10	6
1608	31 mai.	Sabb. Q. T. p. Pent.	15	17	14	13	7
	20 déc.	Sabb. Q. T. p. S. Luci.	23	32	12	6	7
1609	14 mars.	Sabb. Q. T. p. Cin.	21	15	17	13	5
	4 avril.	Sabb. ad Sitientes.	1	2	5	11	8
	13 juin.	Sabb. Q. T. p. Pentec.	16	10	3	6	11
	19 déc.	Sabb. Q. T. p. S. Luci.	18	23	11	9	17
1610	6 mars.	Sabb. Q. T. p. Cin.	15	14	6	5	4
	27 mars.	Sabb. ad Sitientes.	8	8	6	2	4
	5 juin.	Sabb. Q. T. p. Pentec.	15	14	7	8	8

Ordinations célébrées à Annecy dans l'Eglise
de Sainte-Claire.

	DATES DES ORDINATIONS		QUALITÉS DES ORDRES				
Année.	Mois.	Jour ecclésiastique.	Tonsure.	Ordres Mineurs.	Sous Diaconat.	Diaconat.	Prêtrise.
1610	18 sept.	Sabb. Q. T. p. Ex. Cr.	10	17	12	10	10
	18 déc.	Sabb. Q. T. p. S. Luci.	13	12	14	8	7
1611	26 févr.	Sabb. Q. T. p. Cin.	7	11	4	10	9
	19 mars.	Sabb. ad Sitientes.	4	2	12	4	3
	28 mai.	Sabb Q. T. p. Pentec.	21	16	4	3	6
	17 déc.	Sabb. Q. T. p. S. Luci.	18	19	11	18	11
1612	10 juin.	Sabb. Q. T p Pentec.	16	20	8	11	16
	22 sept.	Sabb. Q. T. p. Ex. Cr.	18	21	6	16	6
	22 déc.	Sabb. Q. T. p. S. Luci.	14	18	13	10	12
1613	2 mars.	Sabb. Q. T. p. Cin.	23	21	8	9	5
	1 juin.	Sabb. Q T. p. Pentec.	16	18	8	8	4
	21 sept.	Sabb. Q. T. p. Ex. Cr.	6	11	12	13	13
	21 déc.	Sabb. Q. T. p. S. Luci.	11	15	28	14	18
1614	22 févr.	Sabb. Q. T. p. Cin.	9	9	25	20	15
	15 mars.	Sabb. ad Sitientes.	7	12	12	10	5
	24 mai.	Sabb. Q. T p. Pentec.	20	29	18	24	23
	20 sept.	Sabb. Q. T. p. Ex. Cr.	13	17	24	18	24
1615	24 mars.	Sabb. Q. T. p. Cin.	24	27	24	16	20
	4 avril.	Sabb. ad Sitientes.	9	9	11	8	9
	13 juin.	Sabb. Q. T. p. Pentec.	21	22	20	15	22
	19 déc.	Sabb. Q. T. p. S. Luci.	19	22	34	23	22
1616	27 fév.	Sabb. Q. T. p. Cin.	22	24	14	30	16
	19 mars.	Sabb. ad Sitientes.	9	10	8	11	12
	28 mai.	Sabb. Q. T. p. Pentec.	20	20	8	17	17
	24 sept.	Sabb. Q T. p. Ex. Cr.	»	5	13	13	20
1617	20 mai.	Sabb. Q. T. p. Pentec.	32	38	16	12	27
	23 sept.	Sabb. Q. T. p. Ex. Cr.	15	10	12	16	17

DATES DES ORDINATIONS			QUALITÉS DES ORDRES				
Année.	Mois.	Jour ecclésiastique	Tonsure.	Ordres Mineurs.	Sous Diaconat.	Diaconat.	Prêtrise.
1618	9 juin.	Sabb. Q. T p. Pentec.	33	43	17	11	16
	22 sept.	Sabb. Q. T. p. Ex. Cr.	14	20	27	19	13
1619	21 déc.	Sabb. Q. T .p. S. Luci	52	45	32	18	19
1620	14 mars.	Sabb. Q. T. p. Cin.	34	27	31	34	26
	4 avril.	Sabb ad Sitientes.	11	11	7	20	22
	13 juin.	Sabb. Q. T. p. Pentec.	32	26	12	18	18
	19 sept.	Sabb. Q. T. p. Ex. Cr.	7	12	14	15	16
	19 déc	Sabb. Q. T. p. S. Luci.	20	22	21	27	19
1621	6 mars.	Sabb. Q. T. p Cin.	22	31	18	19	10
	27 id.	Sabb. ad Sitientes.	1	2	4	7	13
	4 juin.	Sabb. Q. T. p. Pentec.	12	16	12	10	19
	18 sept.	Sabb Q. T. p. Ex. Cr.	17	11	13	13	10
	18 déc.	Sabb. Q. T. p. S. Luci.	13	12	8	8	17
1622	19 févr.	Sabb. Q. T. p. Cin.	4	4	10	4	8
	21 mai.	Sabb. Q. T. p. Pentec.	14	11	7	10	5
	24 sept.	Sabb. Q. T. p. Ex. Cr.	10	8	14	9	11
	17 déc.	Sabb. Q. T. p S. Luci	8	11	8	5	13

Ordinations célébrées à Annecy dans l'église du 1er monastère de la Visitation.

DATES DES ORDINATIONS			QUALITÉS DES ORDRES				
Année.	Mois.	Jour ecclésiastique	Tonsure.	Ordres Mineurs.	Sous Diaconat.	Diaconat.	Prêtrise.
1615	18 avril.	Sabbato Sancto.	»	»	»	1	2
1621	10 avril.	Id.	»	»	1	4	3

Ordinations célébrées à Annecy dans la chapelle du cloître de Saint-François et celles des maisons Lambert et Favre.

Année.	DATES DES ORDINATIONS		QUALITÉS DES ORDRES				
	Mois.	Jour ecclésiastique.	Tonsure.	Ordres Mineurs.	Sous Diaconat.	Diaconat.	Prêtrise.
1604	17 avril		»	2	1	»	4
1606	6 janv.		1	»	»	»	»
1607	31 mars.	Sabb. ad Sitientes.	»	»	2	»	3
1610	1er juin.		1	»	»	»	»
1612	20 juin		1	»	»	»	»
1614	20 déc.	Sabb. Q. T. p S. Lu i.	»	»	3	6	9
1615	19 sept.	Sabb. Q. T. p. Ex. Cr.	3	5	»	»	»
1616	2 avril.	Sabbato Sancto.	»	»	»	2	4
	25 sept.	Ex indulto.	»	»	»	1	»
	27 id.	Id.	»	»	»	»	1
1620	14 juin.		1	»	»	»	»
1622	12 mars.	Sabb ad Sitientes.	»	»	»	4	5

Ordination célébrée à La Roche dans l'église collégiale de Saint-Jean-Baptiste.

Année	Mois	Jour ecclésiastique	Tonsure	Ordres Mineurs	Sous Diaconat	Diaconat	Prêtrise
1605	5 mars.	Sabb. Q. T. p. Cin.	35	26	9	11	5

Ordinations célébrées à Rumilly dans l'église et le prieuré de Sainte-Agathe.

Année	Mois	Jour ecclésiastique	Tonsure	Ordres Mineurs	Sous Diaconat	Diaconat	Prêtrise
1606	25 juin.		2	»	»	»	»
1608	29 fév.		22	11	8	5	6
	1er mars.	Sabb. Q. T. p. Cin.					
	18 mars.		4	»	»	»	»
	22 mars.	Sabb. ad Sitientes.	10	4	9	10	8

Ordinations célébrées à Thonon dans l'église de St-Augustin
et celle de Notre-Dame de la Compassion.

Année	Mois.	Jour ecclésiastique.	Tonsure	Ordres Mineurs	Sous Diaconat.	Diaconat.	Prêtrise
	DATES DES ORDINATIONS			QUALITÉS DES ORDRES			
1603	20 sept.	Sabb Q. T. p Ex. Cr.	8	4	3	»	9
1611	24 sept	Id.	18	18	8	10	7
	3 oct.		3	»	»	»	»
1614	14 déc.		10	»	»	»	»

Ordination célébrée à Viuz-en-Sallaz dans l'église
paroissiale des SS. Laurent et Blaise.

Année	Mois.	Jour ecclésiastique.	Tonsure	Ordres Mineurs	Sous Diaconat.	Diaconat.	Prêtrise
1604	18 sept	Sabb. Q. T. p. Ex. Cr.	19	16	5	6	2

Ordinations célébrées à Chambéry dans l'église de St-Antoine
et la chapelle de la Confrérie de la Sainte-Croix.

Année	Mois.	Jour ecclésiastique.	Tonsure	Ordres Mineurs	Sous Diaconat.	Diaconat.	Prêtrise
1606	18 fév.	Sabb Q. T. p. Cin.	40	11	4	11	15
	11 mars.	Sabb. ad Sitientes.	54	10	2	5	4
1612	17 mars.	Sabb. Q. T. p. Cin.	44	29	18	16	12

Ordinations célébrées en cours de Visite Pastorale.
(Incomplet.)

DATES DES ORDINATIONS		QUALITÉS DES ORDRES					LIEU DES ORDINATIONS
Année	Mois.	Tonsure.	Ordres Mineurs	Sous Diacres	Diaconat.	Prêtrise.	
1605	22 octob.	1	»	»	»	»	Ardon.
	24 id.	5	»	»	»	»	Lancrens.
	25 id.	6	»	»	»	»	Chezery.
	27 id	8	»	»	»	»	Montaguy.
	31 id	4	»	»	»	»	Champdor.
	3 nov.	2	»	»	»	»	Grand Albergement.
	5 id.	7	»	»	»	»	Lilinod.
	7 id	6	»	»	»	»	Lochieu.
	Id. id.	6	»	»	»	»	Passin.
	10 id.	18	»	»	»	»	Belmont.
	11 id	15	8	»	»	»	Charvouay.
	12 id.	20	»	»	»	»	Viuz
	15 id.	15	»	»	»	»	Ceyserieu.
	18 id.	13	6	»	»	»	Chanaz.
	20 id.	10	»	»	»	»	Seyssel.
	21 id.	12	»	»	»	»	Culoz.
	Id id	3	»	»	»	»	Anglefort.
	23 id.	5	7	»	»	»	Chindrieu
	24 id	4	»	»	»	»	Serrières.
1606	25 juin.						Rumilly en Albanais.
	23 sept.						Cranves.
1611	3 octob.	»	»	»	»	»	Thonon.
	8 id.	4	»	»	»	»	Veigy.
	11 id.	3	»	»	»	»	Cholex.

Tableau général statistique des Ordinations et moyennes
par périodes de cinq ans.

Année.	Tonsurés.	Minorés.	Sous Diacres.	Diacres.	Prêtres.
1602	18	17	4	11	6
1603	99	70	23	18	29
1604	60	49	37	20	21
1605	275	94	25	31	23
1606	139	68	22	36	31
Total...	591	298	111	116	110
Moyenne.	118,20	59,60	22,20	23,20	22,00
1607	80	36	36	34	31
1608	76	64	43	34	28
1609	56	50	36	39	41
1610	62	65	45	33	33
1611	78	66	39	45	36
Total...	352	281	199	185	169
Moyenne.	70,40	56,20	39,80	37,00	33,80
1612	93	88	45	53	46
1613	56	65	56	44	40
1614	59	67	82	78	76
1615	76	85	89	63	75
1616	51	59	43	74	70
Total...	335	364	315	312	307
Moyenne.	67,00	72,80	63,00	62,40	61,40
1617	47	48	28	28	44
1618	47	63	44	30	29
1619	52	45	32	18	19
1620	105	98	85	114	101
1621	65	72	56	61	72
Total...	316	326	245	251	265
Moyenne.	63,20	65,20	49,00	50,20	53,00
1622	36	34	39	32	42

Puisque nous parlons de saint François, il n'est pas sans intérêt de rappeler, par manière de digression, le fait qui suit : « Le samedy des Quatre-Temps après les « Cendres (1603), rapporte Charles-Auguste [1], il célé- « bra les Ordres généraux en l'eglise de saint François « et entre autres promeùt à la prestrise un certain « estranger auquel Dieu avoit faict tant de grâce qu'il « avoit la veüe de son bon ange. Cet homme après la « célébration des Ordres voulant sortir de l'eglise se « tenait arresté à la porte comme s'il eust disputé avec « quelqu'un la prérogative de la sortie. Le bien-heu- « reux evesque survenant aussi a mesme temps pour « sortir prist garde à ceste cérémonie extraordinaire « et tira le nouveau prestre à part lequel confessa « franchement qu'il disputoit avec son bon ange « et « la raison est, dit-il, parceque devant que je fusse « prestre, il me precedoit tousjours et maintenant je « me suis arresté parcequ'il s'arrestoit aussi à la sor- « tie et ne vouloit point passer devant moy. » Le « serviteur de Dieu admira fort ceste chose et s'en « servist depuis souvent d'exemple en célébrant les « Ordres pour recommander la dignité sacerdotale. » Eh bien ! *quel est ce certain estranger auquel Dieu avoit faict tant de grâce qu'il avoit la veüe de son bon ange et que François de Sales promeùt à la prestrise* dans des circonstances aussi touchantes? Nous croyons pouvoir le nommer. *Ce serait un prê- tre du diocèse de Tarentaise, appelé Guillaume Puret.* L'affirmation s'en déduit naturellement de la

1 Vie du Bienheureux, édition française, Paris 1870, t. 1, l. V, p. 345.

rédaction même du tableau des ordinations de ce jour. Cinq prêtres seulement y figurent, tous du diocèse, sauf un qui est mentionné comme appartenant à la Tarentaise, et muni de lettres dimissoriales. Du reste, voici la copie des noms, telle que la porte le registre :

R^{dus} D^{us} Joannes Franciscus de Sales Geben. can.

Claudius Dronchattus.

Guillielmus Puretus Taren. dimissus.

Petrus Voyrattus.

Bernardus Combaz.

NOTE

SUR

UNE PIERRE A GODETS

TROUVÉE A MONT-DENIS

(MAURIENNE)

—

Le 22 juillet dernier, je me rendis à Mont-Denis en compagnie de M. l'abbé Truchet, mon cousin, et de M. l'abbé Buttard. J'avais l'espoir d'y trouver quelques documents paléographiques, et je voulais aussi y visiter les divers emplacements où l'on avait découvert jadis des sépultures antiques renfermant des objets de bronze en assez grand nombre. Un de mes anciens condisciples, M. Deléglise, curé de la paroisse, nous y attendait ; il nous offrit cette hospitalité sincère et sans façon qui engage à en profiter une autre fois. Nous nous rendîmes ensemble auprès des ruines d'une ancienne chapelle, jadis érigée en bénéfice. Là, nous eûmes la chance de rencontrer le propriétaire du champ qui avait trouvé une de ces sépultures, en bêchant à même ledit champ.

Il nous expliqua comment, en défrichant une *broue*

(talus gazonné) qui soutenait le jardin du bénéficier, situé à quelques mètres en amont, il avait d'abord trouvé des *lauzes,* ou grandes ardoises, disposées en forme de bière et recouvrant des ossements mélangés à de la terre, et parmi ces ossements de nombreux objets de bronze, notamment à l'avant-bras des squelettes ; le *cubitus* et le *radius* étaient colorés en vert turquoise par les sels de cuivre provenant des réactions qui s'étaient opérées entre les bracelets et les autres substances métalliques contenues dans le sol, ou peut-être encore provenant de la décomposition du cadavre. Toutes les sépultures trouvées à Mont-Denis étaient orientées, c'est-à-dire, les pieds étaient tournés vers le levant, et, par conséquent, dans la direction du roc de Beaune, ou Beaunau, si étrangement dominé par les trois pitons gigantesques qui le terminent, et entre lesquels le soleil se lève à certains temps de l'année pour éclairer d'une façon vraiment fantastique la vallée qui s'étend à ses pieds.

Pourquoi cette orientation des sépultures ? Pourquoi ce culte des hauteurs, notamment des sommets trifurqués ? Pourquoi Moïse va-t-il chercher Dieu au sommet du Sinaï ? Pourquoi surtout dans toutes les religions cette idée de trinité ou de trilogie de la Divinité ?

Qu'on me pardonne cette digression, je reviens à mon laboureur. Celui-ci avait recueilli les bracelets, dont une partie est possédée par le Musée d'Annecy, et quelques ossements vert-de-grisés, que l'on peut voir encore au Musée Vulliermet à Saint-Jean, puis il enfouit tout le reste sans plus s'en inquiéter sous le soc de sa charrue triomphante.

Il nous montra encore les emplacements où l'on avait fait aussi de semblables trouvailles, en deçà et au delà d'un groupe de blocs erratiques auxquels je n'avais pas pris garde d'abord.

Bien que je me fusse informé auprès du curé, et celui-ci auprès de ses paroissiens, s'il n'y avait nulle part des pierres levées ou branlantes, ayant une forme originale et portant un nom particulier ou des caractères, etc., partout on avait fait la même réponse négative.

Rien de plus naturel d'ailleurs, ni de plus facile à expliquer; le massif tout entier de la montagne étant formé de schistes s'exfoliant et entrant facilement en décomposition, sous l'influence des agents atmosphériques, il était difficile d'y trouver des matériaux assez résistants. Quant à les transporter du fond de la vallée, c'était impossible, quelque puissants que fussent les moyens de traction. Restait donc à utiliser les matériaux que l'on avait sous la main.

Or, on n'en avait pas d'autres que ces blocs erratiques abandonnés par un glacier sur la côte dominant le village du Rieu, bâti en effet dans la combe creusée par les eaux provenant de la fonte des glaces antéhistoriques. Telles étaient les réflexions auxquelles je me livrais, en nous dirigeant vers ces pierres, que je n'apercevais encore que de loin à travers les arbres. J'avais été frappé de trouver des sépultures en deçà et au delà de ces blocs erratiques, et qui sait? peut-être y en a-t-il encore autour, si ce lieu a été un centre religieux.

Tout à coup le plus grand de ces blocs, celui qui

commande aux autres, m'apparut dans toute sa hauteur, je dirai presque sa sauvage majesté; une sensation inconnue s'empara de moi, je pensai involontairement à l'antique *Mens agitat molem,* et prophétisai à mes compagnons que ce roc superbe, avec sa grande pierre tabulaire arrêtée sur sa hanche puissante, pourrait bien être, lui, un antique dieu déchu ou son simulacre, et elle un autel.

Cinq énormes blocs erratiques, aux angles usés par les morsures des agents préhistoriques, forment un hémicycle, une espèce d'*aula* malheureusement située sur un plan incliné; puis le menhir, naturel ou non, accompagné de son palet ou pierre tabulaire, soit naturelle, soit apportée, domine la situation et a l'air de présider cette façon de demi-cromlech.

Un de ces blocs est caché dans un chalet, à la rustique charpente duquel il prête, comme Atlas au monde, l'appui de ses robustes épaules.

En effet, si la disposition de ces pierres est fortuite, pourquoi les populations primitives qui se réfugièrent en ce lieu sauvage et presque inaccessible, ne les auraient-elles pas utilisées telles quelles pour leurs rites ou leurs cérémonies inconnues, avec d'autant plus de raison que cette disposition se trouve être identique ou presque identique à celle que, dans les plaines ou sur les collines, les autres populations contemporaines donnaient à leurs monuments informes et grossiers en employant des moyens d'action et des forces extraordinaires dont nous n'avons plus le secret? D'ailleurs ces moyens eussent été impraticables à Mont-Denis à cause de sa situation sur une pente assez raide, et d'où se seraient précipités infailliblement tous les blocs pour s'abîmer au fond de la combe, au moindre déplacement de leur centre de gravité. Menhir, demi-dolmen, pierre-levée ou non, ce lieu est hospitalier, et les chalets y alternent avec les bouquets de platanes-sycomores et les blocs erratiques, et tous s'y étalent sous le même soleil-dieu qui peut-être y a eu jadis un autel. De l'arbre au toit du chalet, du chalet au bloc superbe, on grimpe sans façon ; en un clin d'œil, sur la pierre tabulaire brute et vaste apparaît un sacrificateur en jaquette brandissant un alpenstock, au moyen duquel il écarte violemment les lichens qui recouvrent la surface de la pierre.

Victoire ! victoire ! s'écrie-t-il, il y a une rainure et des godets !

Aussitôt mes trois compagnons, jusqu'alors un peu incrédules et souriant de mes prédictions à propos de trouvailles préhistoriques, grimpent sur la table-autel, et à grand renfort de bâtons et d'ongles on arrache, on détruit des myriades de petits insectes et de crypto-games dont les aspérités parcheminées protestent contre cette violation de leur antique domicile.

Quinze godets de diverses dimensions, creusés dans la surface de la pierre et disposés sans symétrie, ainsi qu'une rainure infléchie vers son milieu et n'aboutissant pas aux godets, mais à un enfoncement naturel de la pierre, apparaissent à nos yeux sur une surface carrée de 3 mètres à peu près et dans la partie la plus plane de cette dalle rugueuse.

Notre trouvaille nous engage à étudier cette pierre avec plus d'attention. On l'appelle en patois : *La Piéra du Carro*, c'est-à-dire : La Pierre de l'Angle.

Elle est posée à plat comme le serait une tuile sur l'épaule d'un homme dont la tête serait la pyramide que j'ai appelée ci-devant menhir, et qui la dépasse d'au moins deux mètres en hauteur. Tel est l'aspect de ce double arrangement au nord-ouest.

Elle présente de nombreux angles saillants, au contraire des blocs erratiques qui l'avoisinent, et dans la partie unique où elle est accessible, on voit le vide formé par un éclat de pierre qui paraît avoir cédé à la pression d'un levier titanique. Elle mesure cinq mètres cinquante centimètres dans sa plus grande longueur et deux mètres cinquante centimètres de largeur. J'ai encore remarqué sur la partie où commence la déclivité, un enfoncement tel que l'aurait produit la sole du sabot d'un cheval lilliputien dans une argile malléable. Cette pierre est calée par un gros galet, elle a l'air de s'appuyer sur la pyramide sa voisine. Sa présence en ce lieu et en cette position est-elle due à la main de l'homme ? Est-elle un fragment de l'un des blocs erratiques situés en amont sur la pente de la montagne ? C'est probable ; mais nous dûmes cesser nos investigations, à cause d'une pluie fine et serrée qui nous surprit tout à coup, et de la nuit qui occupait déjà la plaine, et montait vers les hauteurs, nous promettant bien de revenir à notre pierre, mais l'*homme propose et Dieu dispose*. Je crois que ce monument est le seul de ce genre connu en Maurienne jusqu'à ce jour, toutefois il est juste de dire que M. l'architecte Fivel m'a affirmé avoir aussi trouvé une pierre à godets près de Bessans.

En conséquence, je livre les observations ci-dessus

pour ce qu'elles valent à de plus savants que moi, me défiant un peu de mon bagage scientifique préhistorique : *Non licet omnibus adire Corinthum.*

FLORIMOND TRUCHET,

Pharmacien, à Saint-Jean-de-Maurienne.

LA

CAMPAGNE DE LOUIS XIII EN SAVOIE

—

L'histoire de cette campagne, avec les développements que l'auteur a dû lui donner, en suite de la découverte de plusieurs documents inédits, serait trop étendue pour pouvoir prendre place dans le volume du Congrès. Dans la séance du 26 août, M. Ducis en a fait un résumé verbal, que nous publions ici presque textuellement.

La cause de cette guerre fut la succession du Montferrat, promise à la Maison de Savoie lors des mariages d'Yolande Paléologue de Montferrat avec Aymon de Savoie, 1330, et de Blanche de Montferrat avec Charles Ier de Savoie, 1485, et, malgré ces stipulations pour l'extinction des mâles, passée à la Maison de Gonzague Mantoue par le mariage de Marguerite, nièce du dernier Paléologue, en 1533, avec Frédéric II de Gonzague, qui en acheta l'investiture de Charles-Quint en 1536. Enfin la dernière héritière de cette famille, fille de François de Gonzague et de Marguerite de Savoie, promise au fils du duc de Savoie, fut enfermée, en 1612, au château de Goïto, puis dans un couvent, et enfin mariée, en 1627, par ordre de Richelieu au duc de Rhètelois, d'une branche des Gonzague-Nevers retirée en France.

L'Empereur fit occuper le Mantouan, la France soutint son protégé dans le Montferrat. Nous ne suivrons pas les péripéties de cette guerre, ni les roueries politiques appelées trèves, armistices, accords, etc., où chaque prétendant essayait de gagner un point sur l'autre. Richelieu, ne pouvant attirer le duc de Savoie dans le parti français, essaya de le surprendre avec son fils, près de Rivoli par un guet-à-pens, dont la conscience honnête du duc de Montmorency avisa le duc, qui put ainsi se sauver. Richelieu débaucha le gouverneur de Pignerol qui rendit la place, la veille de Pâques 1630 et, ne pouvant aller outre avec une armée épuisée, tenta une diversion en poussant Louis XIII à occuper la Savoie avec les troupes de Schomberg, de Chatillon et de Bassompierre en Suisse.

Le roi arriva à Lyon, le 1 mai 1630, avec 12,000 hommes et 1,200 chevaux. Bassompierre, qui croyait entrer en Savoie par Genève, reçut de Richelieu un ordre du 24 avril de passer par Grenoble, et du roi une lettre du 3 mai, qui lui marquait de le rejoindre à Lyon. Schomberg fut remplacé par Du Hallier, et avec Bassompierre ils avaient 13,000 hommes et 600 chevaux. Le 6 mai, ils rejoignaient à Lyon le roi, qui en partit, le 8, pour Grenoble. Le lendemain, Bassompierre prit également la route de Bourgoin, la Tour-du-Pin, Voirons. L'entrée en Savoie par la vallée d'Isère était motivée par la crainte de ne pas y trouver des provisions, et la nécessité de les faire arriver du midi ; mais peut-être aussi pour que Richelieu pût tout avoir sous la main, en arrivant de Pignerol, d'où il partit le 2 mai. Il arriva à Grenoble le 6, vint au devant du roi à Voirons, et le 10, ils firent leur entrée à Grenoble.

Le 12, Richelieu alla rendre visite aux deux reines à Lyon, et surtout apaiser la reine-mère, qui, ennemie de la Maison Gonzague-Nevers, voyait avec déplaisir une guerre entreprise pour la défendre, et la reine épouse, Anne d'Autriche, nièce du duc de Savoie, ne pouvait l'approuver non plus.

Les trois maréchaux Coligny de Chatillon, Bassompierre et Créqui partageaient, à tour de rôle, le commandement de l'avant-garde, du corps d'armée et de l'arrière-garde avec le roi.

Le 13 au matin, Créqui partit de Grenoble avec l'avant-garde, le lendemain ce fut Bassompierre avec le gros de l'armée, puis le roi. Ils vinrent coucher à Croles le même jour, et le lendemain 15 à Barraux. Le 14, Créqui était arrivé devant Chambéry. A la sommation de se soumettre au roi de France la capitale de la Savoie opposa un refus formel, en suite duquel un combat s'engagea aux faubourgs du Reclus et de Nezin.

Le prince Thomas, troisième fils du duc de Savoie, en était parti, le 7 mai, pour Conflans. Le président du Sénat souverain, Hector Millet de Challes, pour éviter d'autres désastres, s'aboucha avec le maréchal de Créqui, obtint une suspension d'armes, en attendant que les syndics allassent trouver le roi à Barraux. MM. de Buttet et de Sainte-Colombe obtinrent une capitulation en 15 articles sur 18. Le roi refusa la prohibition aux troupes d'entrer dans la ville et le délai de six jours pour en aviser le duc de Savoie.

Une lettre de Richelieu sur la difficulté des approvisionnements explique la marche si lente de l'armée et le séjour prolongé du roi à Barraux. Le 16 mai seulement le corps d'armée put se remettre en marche et arriva devant Chambéry. Alors seulement le château se rendit. Le lendemain à 8 heures du matin, Louis XIII fit son entrée et fut reçu par le conseil de Ville, le Sénat et la Chambre des Comptes. Il ratifia la capitulation du château, remplaça les deux cours souveraines par un Conseil judiciaire, dont les principaux membres venaient du parlement de Grenoble.

Bassompierre raconte dans ses *Mémoires :* « Le dimanche 19 mai jour de la Pentecôte le roy fit ses Pasques, je les fis aussi. » Il ne s'agissait pas du devoir pascal, que Bassompierre avait rempli à Soleure, le jeudi-saint, 28 mars, ainsi qu'il l'annote sept pages plus haut, mais des devoirs de dévotion qu'il faisait aux grandes fêtes de l'année, en qualité de chevalier du Saint-Esprit, comme on le voit pour le 1er janvier 1626, 1628, etc. Richelieu n'arriva que le 21 mai, et, sous son inspiration, Louis XIII adressa le lendemain aux gouverneurs des provinces un *memorandum* sur les motifs de son entrée en Savoie. Le même jour il alla coucher à Aix.

Le lendemain Bassompierre allait sommer la ville de Rumilly. Louis XIII mit l'armée en bataille dans la plaine de Salagine et alla coucher à Alby, le 23 mai.

On connait la résistance de Rumilly et la riposte :

Et quâ poê! Et quand même ! opposé à l'exemple proposé par Bassompierre de la soumission de Chambéry. L'avant-garde occupa d'abord les fortins de l'ouest, puis alla faire une diversion contre le fort de l'Annonciade. Et Claude François Joly de Choin eut ordre de commencer le siége de la ville sous la direction du maréchal du Hallier.

Celui-ci avait occupé d'abord le château de Salagine, dépendant du fief de Beaufort. De ce dernier plateau il suivait le siége de Rumilly. Or, ces fiefs appartenaient à Jeanne-Marie-Aymée de Beaufort, femme de Peisieu, parent du maréchal. Il envoya à cette famille dans Rumilly une sauvegarde pour se retirer à son logement avec ses effets, et échapper ainsi au pillage et à l'incendie, auxquels la ville allait être livrée.

M. de Longecombe de Peisieu avait un commandement dans l'armée du prince Thomas de Savoie. Fidèles à leur principe, les dames de Peisieu, dont l'une était religieuse Bernardine, déclarèrent ne pas vouloir séparer leur cause de celle de leurs compatriotes. Toutefois, sur l'invitation pressante de la bourgeoisie, elles allèrent courageusement solliciter du maréchal la grâce de la ville. L'ordre de l'incendie fut révoqué, le pillage réduit à une heure seulement, avec sauvegarde des maisons de Peisieu et de tout ce que l'on y avait réuni de personnes et d'objets précieux.

Dans ces angoisses et pendant ces tractations, la supérieure de la Visitation avait proposé aux syndics de Rumilly une procession votive en l'honneur de l'Immaculée Conception. Ce vœu fut accompli dès lors chaque année le 8 décembre.

Louis XIII fit son entrée à Rumilly, le 24 mai au soir, et le lendemain il se rendit à Annecy par un très mauvais temps, dit Bassompierre.

Avertie par lettres du prince Thomas de Savoie, le 5 avril 1630, de faire bonne garde, le 9 mai suivant, de réparer les murailles, la ville d'Annecy envoyait, le 12, le premier syndic et le colonel de ville prendre les ordres du prince à Conflans, où il était venu de Chambéry le 8 mai, et, le 13 mai, la jeunesse s'exerça au tir de l'arbalète.

M. Antoine Deshayes, Conseiller du roi, intendant de la Maison de Louis XIII, prévot des marchands de Paris, était beau-frère de la Philothée de saint François de Sales, et avait été très lié avec ce dernier, dont un frère, Jean François, était alors évêque à Annecy, et l'autre, Louis, comte de Sales, était gouverneur du château d'Annecy. Le fils Deshayes, qui avait fait ses études à Annecy, et tenait alors pour son père le gouvernement de Montargis, fut chargé de venir à Annecy négocier la soumission au roi de France. Il connaissait trop le caractère des de Sales, pour compter sur un succès. Aussi il s'adressa d'abord à la ville, soit au poste de la porte du saint Sépulcre. Les syndics lui offrirent une collation et obtinrent un délai de 24 heures pour répondre. C'était le 22 mai. Il se fit introduire ensuite au château. Mais Louis de Sales, qui venait de recevoir du prince Thomas une lettre du 21 mai, fut inflexible sur le principe de la fidélité à la Maison de Savoie.

La ville avait de suite envoyé un exprès à Conflans, et le lendemain elle recevait une lettre du prince datée du 23 mai. Toutes les autorités judiciaires et administratives réunies chez l'évêque rédigèrent une réponse affirmative de leur fidélité au duc de Savoie, sauf *en voyant le roi ou son canon*, auquel cas ils supplieraient sa Majesté d'accepter leurs conditions de capitulation. La ville d'Annecy n'était pas fortifiée comme celle de Rumilly, et ne pouvait nullement soutenir un siége.

A ce moment Coligny de Chatillon arrivait avec l'avant-garde sur les plateaux de Seynod et d'Alléry. On lui présenta vingt articles de capitulation, qui furent acceptés provisoirement, sauf celui qui interdisait aux troupes l'entrée de la ville. Le maréchal les dirigea même de ce côté par l'ancien pont d'Isernon. Mais elles eurent à subir une bordée de canon du château. Elles coururent alors s'abriter contre les Balmettes pour entrer par le faubourg du Saint-Sépulcre. La mousqueterie des plateaux adjacents du château les poursuivit jusqu'en ville, malgré la nuit, à tel point que Chatillon craignant un incendie, fit proposer une suspension d'armes, qui fut acceptée pour 24 heures. Le comte de Sales avait reçu déjà le même jour une lettre du prince Thomas ; il envoya le soir même à Conflans une estafette, qui revint le lendemain un quart d'heure avant l'expiration du délai. Il eut le temps de rédiger cinq articles de capitulation des plus honorables, qui furent accordés le 24 au soir, et le 25 au matin la garnison sortit avec tous les honneurs de la guerre, et se dirigea vers Conflans, sous la conduite de son digne chef, qui regrettait, disait-il à de Chatillon, « de n'avoir pas été gouverneur de Montmélian ou de Nice pour les défendre jusqu'au jour du jugement, s'il avait eu tant à vivre. »

Le 25 mai au soir, Louis XIII, Richelieu et la suite arrivèrent au château d'Alléry où ils couchèrent. Le ministre présenta son mémoire dans lequel il discutait la marche ultérieure des troupes par la plaine de l'Arly, par les vallées de Beaufort, de Tarentaise, de Maurienne et d'Aoste.

Le 26, le roi nomma M. Deshayes gouverneur d'Annecy, du Genevois, du Faucigny et de Beaufort, avec le traitement de 400 florins par mois, à la charge du pays.

Le lendemain, il donna deux lettres de sauvegarde et d'exemption de logements militaires pour les châteaux et terres du duc de Genevois-Nemours, et pour celui de Boisy appartenant à l'évêque de Genève, Jean-François de Sales. Le soir du même jour il reçut Mazarin, porteur des propositions de paix du duc de Savoie.

Le 28 mai, il approuva les deux capitulations de la ville et du château d'Annecy. Puis il établit le capitaine Ninville *sergent-majour*, soit chef de la police militaire, et enjoignit à la ville de lui fournir huit rations d'hommes et deux de chevaux par jour. Le même jour, Bassompierre qui avait reçu, le 26, le commandement de l'avant-garde, partit pour Faverges. Le roi partit le lendemain 29 mai.

C'était mercredi, veille de la Fête-Dieu, à laquelle toutes les autorités d'Annecy avaient l'habitude de prendre une part solennelle. L'assistance du roi, que le registre de Saint-Félix appelle « Louys-le-Juste, » et du cardinal n'aurait pas nui à leur cause. Mais préoccupés d'autres intérêts, ils allèrent s'effacer dans une petite bourgade voisine. Peut-être voulurent-ils échapper à la mauvaise impression que produisit après leur départ l'ordre du gouverneur de loger six compagnies d'infanterie.

Pendant ces huit jours d'occupation militaire, l'armée avait commis des déprédations odieuses. Après la fête, les syndics demandèrent l'acte de capitulation pour s'en réclamer contre ces excès. M. Deshayes refusa jusqu'à la prestation du serment. Toutes les autorités et le grand conseil furent donc convoqués pour le dimanche suivant, et le 2 juin eut lieu la prestation de serment de fidélité au roi de France entre les mains du gouverneur.

Cet acte, et celui de la capitulation du 23 mai, furent enregistrés, le 26 juin, à la Cour souveraine de Chambéry.

Bassompierre était parti d'Annecy le mardi soir, 28 mai, avec 800 hommes et 200 chevaux, qu'il fit camper dans la plaine des Chevillys au bout du lac, puis vint coucher à Faverges, où il fut rejoint par Mazarin et une partie de la suite du roi. Celui-ci vint le lendemain prendre les mêmes logements, et l'armée occupa le même campement. Bassompierre était allé à Ugines. Il en partit le 30 mai par la Forclaz, Queige et Beaufort pour couper le prince Thomas par la haute Tarentaise, comme l'avait essayé, en 1600, Henri IV qui n'avait pu aboutir à cause des neiges.

Le prince Thomas, pensant que Bassompierre se di-

rigerait de Faverges sur Conflans avec des forces supérieures, en était parti le 28 pour Moûtiers. Puis
apprenant sa nouvelle direction, il monta à Aime et
envoya 2,000 hommes pour garder les passages des
montagnes.

De son côté, Bassompierre, après deux heures de
repos données à ses troupes à Beaufort, envoya 400
hommes dans la vallée de Trécol, dont 200 pour le
col de la Barmaz et du Bresson sur Montvalésan, et
200 pour le col du Coin contre Granier. Il en envoya
400 autres dans la vallée de Saint-Guérin sur Arêches,
dont 200 pour le Cormet sur Granier, et 200 pour le
col de la Louza sur Naves. Il resta à Beaufort le vendredi 31 mai, en attendant le retour de ses éclaireurs,
qui lui apprirent, le soir, que tous les cols étaient déjà
occupés, sauf celui de la Louza, qui n'avait qu'une
petite garde, dont le corps de La Meilleraye eut bien
vite raison pendant la nuit. Alors il renvoya la cavalerie avec la noblesse, et alla camper avec 7,000 hommes au Creygerel. Le dimanche, 2 juin, ils passèrent
les cols de la Louza et de Naves, et tombèrent sur
Aigueblanche.

Le roi était à Conflans le 31 mai et avait envoyé la
cavalerie descendue de Beaufort à la rencontre de
Bassompierre qui, avec elle, entra à Moûtiers, dont
il obtint la soumission, poursuivit les troupes du prince
Thomas jusqu'au détroit du Saix, dont il s'empara,
puis revint coucher à Moûtiers, le soir du 2 juin.

D'Aime, le prince Thomas rappelait M. de Peisieu
de Mont-Girod pour le poste de Granier. Mais c'était
trop tard. Il dut lui-même remonter au Petit-Saint-

Bernard, car Bassompierre passait le détroit du Saix le 3 juin et faisait camper son monde à Aime.

Sa semaine étant finie, il reçut ordre d'aller attendre à Moûtiers le roi, qui arriva le 4 avec le cardinal et sa suite, puis à Aime le 6, et le 7 au Bourg-Saint-Maurice et au pont de Saint-Germain, où il chargea M. du Hallier de faire construire un fort. Déjà l'avant-garde, sous la conduite de Chatillon, avait occupé le pays le 5 juin.

On ne poussa pas plus loin, les troupes désertaient, découragées par la crainte de la peste, d'après la correspondance de Richelieu.

Bassompierre était allé reconnaître le Cormet de Roselenc puis, le dimanche 9, ils vinrent dîner à Aime et coucher à Moûtiers, le 10 à Conflans, le 11 à Saint-Pierre-d'Albigny, le 14 à Chambéry et le 16 à Lyon. Bassompierre était resté à Chambéry pour diriger les troupes en Maurienne. Pendant ce voyage, il y avait eu un débandement de 6,000 hommes.

A son arrivée à Conflans, Louis XIII y avait trouvé M. Deshayes, qui venait au nom de la ville d'Annecy demander de faire lever la garnison de cette ville, que la peste venait d'envahir dès le 9 juin. Les registres constatent que, dans les deux années 1629 et 1630, elle emporta plus de 3000 personnes et que 120 familles furent éteintes.

Le 17 juin, un débordement de l'Isère et de ses affluents détruisit plusieurs ponts, entre autres celui de Conflans, ce qui arrêta la cavalerie venant de Tarentaise. Le 18, la ville de Montmélian se rendit, et le lendemain ce fut le château de Charbonnières entre les mains de Créquy. On commença les mines contre celui de Montmélian. Le samedi 22, Bassompierre allait avec de Châteauneuf, de Chambéry à la Terrasse, et le dimanche il rejoignit à Grenoble Richelieu et le roi, qui en repartit le 29 pour venir coucher à Goncelin, le dimanche 30 à La Rochette, le lundi à Aiguebelle. Le mardi 2 juillet, après un conseil, le cardinal partit pour Suse avec Deffiat et Schomberg; et le roi, fuyant la peste d'Aiguebelle, vint coucher à Argentine avec Bassompierre et Créquy. Le 4, il alla à La Chambre, puis par Pontamafrey à Saint-Jean-de-Maurienne, où Richelieu s'était arrêté pour recevoir Mazarin, de retour de Piémont. Le duc de Montmorency en arrivait aussi le lendemain, 5 juillet, et, après le conseil, il dut repartir le 6 pour la même destination avec les maréchaux de camp Du Cramail et Du Fargis, et 12,000 hommes, en route déjà depuis la fin juin. Louis XIII ne crut pas pouvoir les suivre, malgré l'avis de Richelieu, qui dut rester aussi.

Le vendredi 5, le roi s'était trouvé fatigué et s'était fait saigner ; Bassompierre en fit autant le samedi. Le sergent-major de Nice arrivait déguisé avec le projet du traité de Nice, qui fut confié à M. de Schomberg. La victoire remportée le 10 juillet à Aveillane par le duc de Montmorency fut célébrée à Saint-Jean par des festins successifs chez chaque maréchal. Mais l'état du roi empirait. Il partit le 25, vint coucher à Argentine dans une cabane isolée pour éviter la peste, le 26 à La Rochette, où il reçut la visite de l'évêque d'Orléans, du duc de Guise et de Châtillon, le 27 à Barraux, etc. Le 7 août il était à Lyon auprès des reines, où Richelieu vint le rejoindre quelques jours après, rappelé par lui, et fuyant aussi la peste qui avait envahi son logement à Saint-Jean-de-Maurienne.

Le 26 juillet, Charles-Emmanuel, duc de Savoie, mourait à Savillan de la peste, qui sévissait dans les deux armées.

Le 30 juilllet, une tempête épouvantable ruina les campagnes d'Annecy et des environs. Bassompierre, qui était à Grenoble, dit qu'elle était la plus furieuse qu'il eût vue de sa vie.

De Lyon Louis XIII avait rappelé Deshayes, et lui avait donné pour successeur au gouvernement d'Annecy M. Dupersy, le 10 août.

Quelque temps après, M. du Hallier réunit en sa personne le gouvernement de toute la Savoie, à l'encontre des compétitions de M. de Châtillon, que Louis XIII dut écarter comme calviniste, pour ne pas blesser un pays catholique. De dépit M. de Châtillon quitta le siége de Montmélian dont il était chargé, et même le service du roi.

Sur les réclamations de la ville d'Annecy, Louis XIII dut encore rappeler le sergent major Ninville, qui, par l'assassinat de plusieurs fonctionnaires de la ville et d'autres excès intolérables, était devenu un sujet d'horreur. Il fut remplacé par Duschêne, en novembre.

Le roi Louis XIII avait quitté Lyon, le 20 octobre, pour venir à Briare, où était Richelieu, puis à Paris, où il chargea deux religieux franciscains recollets de venir rendre son vœu au tombeau de saint François de Sales. Ils arrivèrent le 1er novembre et logèrent neuf jours au château d'Annecy.

La peste avait repris à Annecy dès le 6 octobre. Le Conseil présidial du Genevois siégeait à Brogny. Puis le voisinage de la léproserie lui fit décider d'aller à Duingt. Mais l'opposition des procureurs et la fin du fléau le ramena à Annecy.

La peste avait aussi fait sortir de Chambéry la Cour souveraine, qui siégea quelques jours à Aix, puis voulait venir à Annecy. Mais la reprise du fléau, du 6 octobre, la retint à Rumilly, d'où elle envoya une députation de trois conseillers en pèlerinage au tombeau de saint François de Sales, le 2 décembre. La peste, reprenant à Rumilly, toute la Cour vint à Annecy, le 15, et tint sa première séance, le 16, dans la maison de Chavanes, près le pont Morens. Le maréchal du Hallier, qui les avait accompagnés à Rumilly, les suivit encore à Annecy.

Le 4 septembre précédent, Mazarin avait fait accepter une trêve aux puissances belligérantes, l'Empire, la France, l'Espagne et le duc de Savoie. Dans le traité de Ratisbonne du 13 octobre, la restitution de la Savoie à ses princes avait été stipulée. Lorsque la nouvelle en parvint aux syndics d'Annecy, avant d'attendre l'exécution, ils se hâtèrent d'adresser, le 20 janvier 1631, à Victor Amédée, nouveau duc de Savoie, une lettre de condoléance pour la mort de son père Charles Emmanuel, arrivée le 26 juillet dernier, alors que comme sujets de la France, ils n'avaient pu le faire. Ils se disent « vos très humbles et très affectionnés obéissants sujets et serviteurs. »

Le 31 janvier, ils renouvelèrent leurs plaintes sur les concussions des soldats du château. Pour toute réponse, M. du Hallier vint, le 4 février, installer une garnison à Annecy. Effrayé, le conseil de ville délibéra de s'en délivrer, en faisant quelque cadeau à Madame.

Louis XIII avait désapprouvé Léon Brulard et le P. Joseph, négociateurs du traité de Ratisbonne. De Dijon il avait proposé à Victor Amédée, duc de Savoie, son beau-frère, une conquête en Italie, en échange de la Savoie, qui resterait à la France. Cette clause secrète, du 6 avril, qui donnait aux Suisses la garde provisoire des Alpes, ne put aboutir, et la restitution fut décidée à Cherasco, le 30 mai 1631, pour être exécutée le 11 juin.

Le conseil de ville d'Annecy reçut ordre de fournir des munitions à la garnison française du Bourg-Saint-Maurice, se retirant en France, et de préparer un feu de joie pour le 15.

Le 14, le conseil d'Annecy envoya au Conseil d'Etat de Savoie à Chambéry une lettre de félicitation d'être remis sous l'autorité de S. A. R. M. Millet de Challes y répondit le 17.

Les régiments de MM. de Choing et de Langeron, venant du Bourg-Saint-Maurice, passèrent à Faverges, Talloires, Annecy-le-Vieux, Epagny, etc., pour se rendre à Seyssel. La munition, adjugée le 13, leur fut portée à Annecy-le-Vieux, le 15 juin. C'était le dimanche de la Trinité. On chanta un *Te Deum* solennel d'actions de grâces. On procéda à l'élection du capitaine de ville, renvoyée du 23 avril, pour qu'il n'eût pas à prêter serment au roi de France à la veille de changer de gouvernement. Ce fut M. de Songy.

Le soir, les syndics et le président du conseil judiciaire mettaient la mèche au feu de joie préparé au Pâquier. On en publia une description avec allusions politiques contre la France.

Le 21, les syndics envoyèrent des lettres de félicitation et d'obéissance à Turin. MM. Pennet et Panisset y allaient, en outre, pour porter, cette fois sans crainte, les condoléances de la ville sur la mort de Charles Emmanuel, arrivée le 26 juillet de l'année précédente.

Victor Amédée y répondit le 7 juillet; le prince Thomas, le 6, puis arriva le 22, fit célébrer un service funèbre pour son père à l'abbaye de Talloires, le 25, à la cathédrale d'Annecy, le 31, à la collégiale de N.-D. de Liesse, le 1 août, et à l'église de St-Maurice du Château, le 4 août. A la cathédrale, Mgr Jean François de Sales officia, et son neveu, Charles Auguste, fit l'oraison funèbre de Charles-Emmanuel.

La Savoie n'eut plus à subir d'occupation militaire jusqu'en 1690; nous en avons donné les détails dans la *Revue savoisienne,* 1872, p. 87, etc.

C.-A. Ducis.

PROJET

DE

BIBLIOGRAPHIE SAVOISIENNE

———

COMMUNICATION DE M. L'ABBÉ PLACIDE BRAND,
VICAIRE A ANNECY-LE-VIEUX.

———

La première préoccupation de celui qui entreprend
une œuvre historique, c'est l'étude des sources. Il se
demande d'abord quels sont les monuments et les
livres à étudier, quelles pièces manuscrites il faut
rechercher. Sachant qu'en histoire, comme dans toutes les sciences exactes, il faut partir du connu pour
aller à l'inconnu, il commencera par dresser le catalogue complet des ouvrages qui peuvent lui fournir des données. Ce travail préliminaire n'est pas sans
difficultés, surtout pour ceux qui font les premiers
pas dans la carrière historique, et qui vivent loin des
grandes bibliothèques.

Le désir d'exempter les pionniers de l'histoire de
ces pénibles recherches, a déterminé nombre d'auteurs

à publier des répertoires bibliographiques. Potthast a donné la *Bibliotheca historiæ medii œvi;* Moreni, la *Bibliografia Toscana;* Jaffé, le *Regestum Pontificum Romanorum,* et M. l'abbé Ulysse Chevalier édite en ce moment son monumental *Répertoire des sources historiques du moyen âge.* Ces ouvrages sont d'une grande utilité.

Il est souvent fort difficile de savoir quels ouvrages ont été publiés à l'étranger ou même dans le pays sur un sujet donné. MM. Dufour et Rabut pourraient témoigner de la vérité de ce que j'avance. Si celui qui entreprend un travail historique de quelque importance, n'a pas de la fortune, des loisirs et de nombreuses relations, il ne lui sera pas facile de faire la bibliographie complète de son sujet. Peut-être écrira-t-il quand même, mais alors son ouvrage sera nécessairement fautif et incomplet. Un bon répertoire bibliographique dispense de ces fastidieuses recherches, et permet au travailleur de se mettre de suite à l'étude des ouvrages et des documents.

Il dispose ainsi de beaucoup plus de temps pour fouiller les archives et rechercher les chartes inédites. Aujourd'hui, on veut que l'historien remonte aux sources, qu'il étudie ses héros à la lumière des écrits contemporains, et on apprécie une œuvre historique surtout par la quantité et l'importance des pièces inédites dont elle s'autorise. Ai-je besoin d'ajouter que cette manière de voir est la seule vraie? Or, messieurs, rien ne conduit plus sûrement à ce but que les répertoires dont je vous entretiens. L'écrivain connaît en peu de temps la manière dont les historiens ont raconté et apprécié les faits, et il voit quelles lacunes il doit combler, quelles obscurités il doit faire disparaitre, et de quel côté il doit diriger ses investigations.

En rendant la tâche plus facile, ces recueils augmentent le nombre des travaux historiques. Tel qui n'aurait pas osé entreprendre de nous retracer la physionomie d'un personnage ou d'une institution, n'hésitera plus dès qu'il saura où prendre ses premiers matériaux. Il se mettra courageusement au travail, et, après quelques années de persévérant labeur, il pourra offrir au public une œuvre bien étudiée, complète, apportant la lumière là où régnaient les ténèbres. Combien dans notre Savoie qui, voyant la route ainsi aplanie, y marcheraient avec ardeur et succès, et utiliseraient les talents qu'ils ont reçus de Dieu !

Notre désir à tous, messieurs, est de pouvoir un jour offrir aux amis et aux détracteurs de notre pays une histoire de Savoie véridique et complète. Vous travaillez à l'édification de ce monument en étudiant la formation géologique de nos Alpes, les vestiges des temps préhistoriques, les traces de l'époque celtique, les restes des constructions et des autres travaux de la domination romaine, en exhumant les chartes et les manuscrits du moyen-âge, en nous faisant connaitre les événements des temps modernes. Ce sont là de nobles travaux dont la Savoie peut à bon droit être fière. Mais, en dehors de ces magnifiques ouvrages, en dehors de vos Concours où le mérite trouve sa consécration et sa récompense, en dehors de vos encouragements autorisés, il y a quelque chose à faire pour ouvrir la barrière aux bonnes volontés tentées de découragement, pour augmenter le nombre des ouvriers et rendre leurs œuvres plus parfaites. Ce quelque chose, messieurs, c'est une *Bibliographie de la Savoie*. Dès que nous serons en possession de ce précieux ouvrage, il sera facile de connaître notre glorieux passé et d'en faire un récit fidèle. A mon humble avis, ce serait l'une des entreprises les plus dignes du Congrès et certainement la plus utile, la plus féconde en résultats.

Cette *Bibliographie* indiquerait les ouvrages à consulter pour faire l'histoire de chaque personnage marquant, de chaque localité de notre pays, les œuvres littéraires, artistiques, historiques et scientifiques ayant des Savoyards pour auteurs ou traitant de la Savoie et les livres où elles sont appréciées. Le cadre est vaste, comme vous voyez, et l'entreprise a ses difficultés. Mais, vous le savez mieux que moi, vous, messieurs, dont les œuvres font tant d'honneur à notre cher pays,

A vaincre sans péril, on triomphe sans gloire.

Cette perspective, loin de vous décourager, sera pour vous un stimulant. Les Potthast, les Moreni, les Jaffé ont mené à bien de plus difficiles entreprises. Pourquoi donc n'essayeriez-vous pas de marcher sur leurs traces ? Ce que pourrait difficilement un seul homme, vos sociétés réunies en un seul faisceau le pourront aisément.

Du reste, messieurs, s'il manque encore bien des données, s'il reste de nombreuses recherches à faire, il y a déjà beaucoup de matériaux qui attendent leur mise en œuvre. Le *Répertoire des sources histori-ques du moyen âge*, qui va de l'an 1 à l'an 1500 de notre ère, nous sera d'un grand secours. Il est vrai que les deux premiers fascicules seulement de la pre-mière partie ont paru, la Bio-Bibliographie; mais, M. l'abbé Chevalier est de la race de ces savants si communs chez nous, qui ne savent pas tenir leurs trésors cachés, et nous pourrons facilement obtenir communication de son travail avant sa publication. Le *Dictionnaire historique* de Grillet, l'excellent ouvrage de MM. Dufour et Rabut *L'Imprimerie, les imprimeurs et les libraires en Savoie du* XVe *au* XIXe *siècle*, les *Mémoires de la Société d'Histoire et d'Archéologie de Chambéry*, les *Mémoires de la Société d'Histoire et d'Archéologie de Genève*, l'*Histoire littéraire de Genève*, de Sénébier, la *Revue Savoisienne* et quantité d'ouvrages et de col-lections de ce genre nous fourniront d'utiles rensei-gnements. Il y a aussi bien des travailleurs qui ont en portefeuille soit des notes, soit des ouvrages presque terminés sur cette matière. M. Eloi Serand ne m'en voudra pas si je dénonce à l'honorable assemblée qui m'écoute, ses précieuses notes bibliographiques sur les personnages d'Annecy qui se sont fait un nom dans l'histoire. Vous le voyez, messieurs, le terrain est déblayé, les matériaux sont prêts : c'est le moment de vous mettre à l'œuvre.

Il faudrait diviser cet ouvrage en trois parties: les personnes, les lieux et les ouvrages. La première indiquerait les sources pour écrire l'histoire des per-sonnages ; la seconde, les travaux publiés sur chaque

localité ; la troisième, les ouvrages d'auteurs savoyards
ou traitant de la Savoie, avec leurs différentes éditions
et les livres où ils sont appréciés. Il va sans dire que
le volume, la page, le lieu et l'année de l'édition
seraient partout indiqués. Il n'est guère possible, je
crois, de trouver un plan plus rationnel et plus propre
à faciliter les recherches. Si vous l'adoptiez, vous
pourriez faire de chaque partie un ouvrage spécial.

Devrez-vous prendre la Savoie avec l'étendue qu'elle
avait sous Amédée VIII ou vous borner à la Savoie
d'aujourd'hui ? Au point de vue de notre future histoire, il y aurait avantage à embrasser le premier
parti, mais alors il nous faudrait le concours des
Sociétés savantes de la Suisse romande et de l'Ain.
Vous déciderez dans votre sagesse ce qu'il y a d'utile
et de praticable à faire dans ce sens.

La réalisation de ce projet ne saurait être l'œuvre
d'un seul homme. Tous les membres de nos Sociétés
savantes seraient appelés à concourir à ce grand travail. Vous nommeriez une commission spéciale chargée de réunir les matériaux, de les coordonner et de
faire la rédaction définitive. Voici comment je com-
prends le fonctionnement de cette commission. Elle
commencerait par dresser la liste de tous les personnages qui se sont fait un nom dans notre histoire.
Cette liste serait communiquée par parties brisées
à nos Sociétés savantes qui la compléteraient au besoin, et mettraient en regard de chaque nom l'in-
dication des ouvrages à consulter pour faire sa biographie. Ces réponses reçues, la commission les véri-
fierait, et ferait sa rédaction qui serait soumise chaque

année au Congrès et ensuite imprimée par ses soins.
Par ce moyen, le travail avancerait rapidement, et
offrirait toutes les garanties désirables sous le rapport de l'exactitude. Resterait la question financière
qui ne paraît point insoluble. Nos Sociétés pourraient
parfaitement consacrer chaque année une somm
déterminée, en rapport avec leurs ressources, pour
subvenir aux frais de la commission et plus tard à
ceux de l'impression. Elles le pourraient d'autant plus
facilement qu'elles seraient sûres de rentrer dans leurs
déboursés par la vente de l'ouvrage. Ces frais ne sau-
raient du reste être bien considérables.

Nouveau venu au milieu de vous, peu expert en
ces matières, je me borne à exposer sommairement
mon projet, ses avantages et les moyens à employer
pour en faire une réalité. Je m'estimerais trop heureux
si, jugeant sa réalisation possible et capable de faire
progresser les études historiques dans notre pays, vous
vouliez bien l'adopter et y travailler dès ce moment.

CONFÉRENCE

SUR LES

MŒURS DU PHYLLOXÉRA VASTATRIX

SUR LES DIVERS

SYSTÈMES DE PRÉSERVATION TROUVÉS JUSQU'A CE JOUR

ET SUR LES MOYENS PRATIQUES

DE

RECONSTITUER A NOUVEAU LES VIGNES DÉTRUITES

PAR M. PIERRE TOCHON

Président de la Société centrale d'agriculture de Chambéry.

———

Messieurs,

En nous rendant au Congrès des Sociétés savantes des deux Savoie, réuni à Annecy, notre première pensée a été de rechercher le but pratique que nous pourrions donner à notre séjour dans cette agréable cité, où nous comptons bon nombre de connaissances et d'amis.

Nous nous sommes demandé si nous ne servirions pas les intérêts de l'agriculture en réunissant les agriculteurs et les vignerons de ce riche pays, pour leur communiquer le résultat de nos études, de nos voyages et de notre vieille expérience.

Les organisateurs du Congrès, à qui nous avons communiqué notre projet, ont été d'avis qu'une conférence sur le phylloxéra vastatrix serait le sujet qui répondrait le mieux aux préoccupations du moment.

C'est donc du phylloxéra que nous allons vous entretenir; mais afin d'élargir ce triste sujet, déjà connu de la plupart d'entre vous, et de lui donner un regain de nouveauté, nous négligerons les détails trop techniques qui auraient de la peine à se fixer dans votre mémoire, afin de vous faire mieux suivre les évolutions multipliées de cet insecte qui est en train d'enlever à la France et au continent européen sa plus grande source de richesse.

Ce chemin raccourci nous permettra de vous initier aux divers systèmes de préservation mis en pratique jusqu'à ce jour et aussi de vous faire voir le sujet que nous traitons sous un jour moins triste, en vous indiquant qu'il existe un moyen assuré de reconstituer nos vignes à mesure que le phylloxéra fera périr les cépages qui les garnissent aujourd'hui.

LE PHYLLOXÉRA

Statistique des vignes détruites ou attaquées en France et en Savoie.

En consultant les communications officielles de l'Etat, la France qui compte 2,400,000 hectares de vignes basses, en aurait perdu jusqu'à ce jour 373 mille 443 hectares, et 343,038 hectares sont attaqués et mourants. Ces 716,481 hectares, qui en forment le total, représentent près du tiers de toutes les vignes cultivées sur notre territoire.

Le département de la Savoie qui, au mois d'octobre 1878, ne se croyait pas attaqué, compte aujourd'hui 63 taches, occupant une surface totale de 26 hectares, disséminées sur les communes de Montmélian, Arbin, Les Marches, Chignin, Saint-Jeoire, Curienne, Chales-les-Eaux, Drumettaz, Clarafond, Serrières, Coise, La Croix-de-la-Rochette, Yenne, Saint-Jean-de-Chevelu, Saint-Paul et Saint-Pierre-de-Curtille.

En suivant l'invasion sur la carte du département de la Savoie, on trouve que ce sont les vallées de l'Isère inférieure, du Gellon, de Chambéry, du Rhône et d'Aix-les-Bains, c'est-à-dire à peu près tout l'arrondissement de Chambéry, qui se trouve attaqué.

On remarquera encore que ce sont les vignes les mieux exposées, donnant les meilleurs crus de la Savoie, qui, les premières, ont été envahies par le phylloxéra.

L'étendue de l'invasion, l'imminence du danger que courent les 11,000 hectares de vignes basses du département, ont appelé l'attention du gouvernement, et au moment où nous faisons cette conférence, l'Etat fait traiter, à ses frais, toutes les taches que nous venons de signaler, et toutes celles qui seront découvertes, dès ce jour, le seront dans les mêmes conditions.

Maintenant que nous vous avons fait connaître l'étendue du mal, nous allons essayer de vous initier aux mœurs de l'insecte qui le cause.

LE PHYLLOXÉRA

Si nous demandons aux naturalistes qui s'en sont

plus spécialement occupés, l'histoire naturelle de l'insecte, ils nous apprennent que le phylloxéra de la vigne n'est pas toujours identique à lui-même : on y rencontre des individus ayant des modes d'existence très différents.

Les uns vivent sur les racines : on les nomme *radicoles;* les autres vivent sur les feuilles : on les nomme *gallicoles.* Comme nombre, les premiers forment pour ainsi dire toute la race. On ne trouve pas de mâles parmi eux ; tous sont des femelles ou plutôt des *agames,* ce qui veut dire qu'ils n'ont pas de sexe. Tous pondent, et tous les œufs sont bons. L'œuf éclôt en sept ou huit jours; après quoi, en quinze ou dix-huit jours, l'insecte qui en est sorti, change trois fois de peau, fait trois mues, et pond à son tour. Cette reproduction *agame* dure, en général chez nous, du 15 avril à la fin d'octobre.

Les hibernants. — Aux premiers froids la ponte s'arrête non brusquement, mais peu à peu. Les pondeuses meurent et disparaissent les unes après les autres. La première mue semble être alors un passage critique que l'insecte ne franchit plus. Ceux qui sont au-delà, achèvent leur existence, sans doute fort abrégée. Ceux qui sont en deçà, s'engourdissent fixés à une racine, ne se développent plus, et ne reprennent qu'au printemps suivant le cours interrompu de leur évolution. Les œufs achèvent d'éclore; on n'en trouve plus en hiver. Malgré ce temps d'arrêt annuel et fort long, comme il n'est pas rare de trouver sur les racines des pondeuses qui donnent une centaine d'œufs et davantage, on conçoit que la descendance de quelques individus puisse suffire à peupler en peu de temps toutes les racines d'un cep.

Dégénérescence spéciale. — Une circonstance heureuse réduit notablement la multiplication du phylloxéra : la vie purement *agame* amène une dégénérescence dans les organes de la génération, et la fille est toujours moins féconde que ne l'était la mère. Ce fait, résultat d'observations suivies avec un grand soin, résulte, du reste, d'un fait physiologique facile à vérifier : les œufs se forment dans une petite poche, un ovaire, situé au fond d'un conduit qu'on nomme *tube ovigère*. Quand un œuf est à point, il se détache, descend le long du tube, et est finalement évacué. Certains individus ont jusqu'à 24 de ces tubes. Isolant les générations successives, on a reconnu qu'en passant de l'une à l'autre, le nombre de ces tubes allait en diminuant, jusqu'à se réduire à deux ou trois, et en même temps que le nombre d'œufs fourni par chacun d'eux, allait aussi en diminuant.

S'il n'y avait pas autre chose que cette reproduction agame, le phylloxéra arriverait ainsi en quelques années à une stérilité complète, et disparaîtrait de lui-même ; malheureusement *il n'en est pas ainsi*.

La nymphe; l'ailé. — Certaines pondeuses, lorsqu'elles sont arrivées à ne plus donner qu'un très petit nombre d'œufs, ont des filles qui viennent autrement que les autres ; elles s'allongent davantage, et ont à la taille une petite tache de chaque côté : ce sont les *nymphes*. Elles montent à la surface du sol, y chan-

gent de nouveau de peau, comme on change de vête-
ment, et, à la place des petites taches noires, se trouvent tout à coup avoir des ailes : les voilà devenues
des *ailés*. L'ailé est la nymphe adulte, comme la
nymphe est l'*ailé* enfant; c'est un seul et même insecte, et nous le verrons bientôt devenir le plus mal-
faisant de toute la famille.

Comme sa mère restée sur les racines, l'*ailé* est
toujours une femelle, et pond sur les parties aériennes
du cep, sous les feuilles, le plus souvent sous les
écorces en exfoliation, trois ou quatre œufs, toujours
bons. Mais ces œufs, différents de ceux qui sont
pondus sur les racines, diffèrent aussi entre eux : les
uns, plus gros, donneront naissance à des femelles;
les autres, plus petits, donneront naissance à des
mâles. Les enfants de l'*ailé* sont la seule génération
où l'on rencontre le mâle et la femelle ; ce sont les
seuls qui aient un sexe : on les nomme les *sexués*.

Les sexués. — Ces petits êtres ne mangent pas,
n'ayant pas de suçoirs. Leur vie dure huit à dix jours.
Ils vivent d'amour et de leur propre substance. Sa
mission accomplie, le mâle meurt ; la femelle pond un
œuf unique, emplissant tout son corps, et meurt toujours à côté. Cette fois, l'œuf n'est bon que si la femelle a été fécondée par le mâle.

L'œuf d'hiver. — Cet œuf, ordinairement déposé
sous les écorces du cep, a été trouvé dernièrement
sous une petite motte de terre; on est fondé à croire
qu'au lieu d'éclore en sept ou huit jours, comme il
arrive pour tous les autres, il n'éclôt qu'au printemps

suivant, vers le 15 avril, quel que soit le moment où il ait été pondu.

Les gallicoles. — La petite larve qui sort de l'œuf d'hiver, pondu par les sexués, a une fécondité beaucoup plus considérable que ses ascendants. La rencontre du mâle et de la femelle a suffi pour rendre à une race près de s'éteindre toute sa merveilleuse fécondité. Puis, au lieu de vivre sur les racines, la fille des sexués vit sur les feuilles. Ses filles, ses petites-filles, feront comme elle ; toutes y forment parfois des galles sous les feuilles : d'où leur nom. Tous leurs descendants retourneront aux racines.

En résumé, la sortie des *nymphes* est successive, du 15 juillet au 30 septembre. Les *ailés* et les *sexués* se montrent jusqu'à la mi-octobre ; après quoi il n'existe plus, jusqu'au 15 avril, que l'œuf d'hiver ; les trois mois qui suivent avril, sont occupés par deux ou trois générations de *gallicoles* conduisant aux individus qui retournent successivement aux racines.

Il est à remarquer que la *nymphe* de l'*ailé* ne revient jamais dans les premières générations qui suivent l'*œuf d'hiver*. C'est après un très grand nombre de générations de radicoles qu'elle reparaît.

D'après M. de Lafitte, entre les *ailés* d'une année et les premiers *ailés* qu'on trouve ensuite dans leurs descendants, il y a toujours un intervalle de deux ans au moins.

MARCHE DE L'INVASION DU PHYLLOXÉRA

L'ailé a deux paires d'ailes ; il peut voler et se diriger dans un air tranquille. Saisi par le vent, un essaim entier peut être emporté à plusieurs kilomètres, c'est la cause la plus agissante d'infection. Elle est aussi occasionnée par des importations dues à l'homme.

Un essaim d'ailés viennent se reposer sur quelques ceps voisins, et pondent. Quelques jours après, leurs filles, les femelles des sexués, déposeront sous les écorces *les œufs d'hiver*. Ils écloront au printemps suivant. Les jeunes qui en sortiront, leurs filles, leurs petites-filles, vivront sur les feuilles, puis, les survivants des générations suivantes passeront aux racines.

Dès ce moment le vignoble est perdu ; ces insectes placés sous terre, à l'abri de tout danger, puisque l'on ne présume pas leur présence, ne s'occuperont plus que de la multiplication de leur famille et de la destruction de la vigne.

Age d'une tache. — Il est bien difficile de déterminer avec précision l'âge d'une tache que l'on vient de découvrir ; il faut, en effet, tenir compte de la nature du sol, de sa fécondité, de l'âge de la vigne, des variétés des cépages, des fumures et des soins de culture que l'on a donnés à la vigne. Ce sont, en effet, autant de causes qui accélèrent, ou retardent le dépérissement ou la mort des ceps attaqués.

Quoi qu'il en soit, après qu'une colonie préparée par l'*ailé* est arrivée sur les racines, elle y étend peu à peu son domaine. Les racines d'un pied attaqué viennent se mêler aux racines des pieds voisins, et les insectes passent facilement des uns aux autres. En été, de véritables légions remontent le long des racines, et aussi par les crevasses du sol, viennent s'y répandre à la surface, et contribuent à agrandir les foyers primitifs. Cette émigration a lieu surtout lorsqu'un pied très affaibli n'offre plus à ses hôtes une nourriture suffisante.

Après deux ans, les ailés apparaissent; une partie des essaims qui en résultent, reste à peu de distance du foyer primitif; le plus grand nombre se répand aux environs pour fonder de nouvelles colonies.

C'est par ces essaimages, continués d'année en année, que les taches, d'abord éloignées, se rapprochent de plus en plus, jusqu'au moment où il ne restera pas un seul cep sain dans la vigne attaquée.

LES TRAITEMENTS

Pour guérir la vigne, il faut détruire le phylloxéra; car le mal causé à la vigne par les phylloxéras aptères, est un véritable épuisement résultant de la succion incessante à laquelle ils se livrent sur les racines. — Il faut, disons-nous, tuer le phylloxéra en ménageant, bien entendu, l'existence, la vie du cep.

Les insecticides qui, jusqu'à ce jour, ont le mieux rempli ces conditions, sont l'eau, le sulfure de carbone et les sulfo-carbonates.

L'eau. — Pour qu'une vigne résiste au phylloxéra, il faut la placer sous l'eau en octobre ou novembre pendant 45 à 50 jours. Les vignes des plaines, traversées par des canaux ou d'autres cours d'eau, peuvent seules utiliser cet insecticide. — L'eau, dans ces conditions, tue la plus grande partie des insectes;

ceux qui résistent à son action, ne sont pas assez nombreux pour préjudicier à la récolte; mais ils rendent nécessaire une immersion nouvelle.

Dans les terrains forts, le sol n'est pas délavé par l'eau; mais dans ceux à sous-sol perméable, l'engrais est entraîné dans les couches inférieures, et la vigne dépérirait si on ne lui donnait annuellement une fumure.

L'immersion occasionne des frais assez considérables pour préparer l'application de cet insecticide, mais il donne dans le midi des résultats assurés.

En Savoie, nous n'avons pas de vignes susceptibles d'être immergées; du reste, nous ne pensons pas que, sous notre climat, la vigne puisse supporter ce traitement: l'humidité et le gel auraient bientôt entièrement détruit la vigne.

Le sulfure de carbone. — Le sulfure de carbone est un gaz qui, injecté à une certaine profondeur du sol, descend de lui-même à une profondeur plus considérable que celle où il a été injecté; il s'élève ensuite dans la couche supérieure pour y atteindre les insectes qui s'y trouvent.

Le sulfure de carbone tue l'insecte partout où il se trouve en contact avec lui; à une dose modérée, il suspend momentanément la circulation de la sève sans tuer la vigne.

C'est au moyen du pal, inventé par M. Gustine, délégué de l'Etat dans notre région, que l'on injecte le sulfure de carbone à des doses qui varient, selon le but que l'on se propose, entre 25 et 150 grammes par mètre carré.

Il y a trois espèces de traitement :

1° Le traitement à haute dose ou *d'extinction*, destiné à tuer l'insecte et au besoin la vigne elle-même ; c'est celui que l'on doit appliquer aux taches récentes, en pays indemnes, loin des grands centres d'invasion ; les doses employées dans ce traitement peuvent varier de 70 à 150 grammes par mètre carré.

2° Le traitement cultural à faible dose, 20 à 25 grammes, en un seul traitement réitéré ou non cinq ou six jours après, destiné à diminuer autant que possible la multiplication de l'insecte, tout en ménageant la végétation de la vigne en vue d'en obtenir des récoltes ; il s'applique dans les régions entièrement phylloxérées.

3° Le traitement mixte ou cultural maxima de 40 à 60 grammes, appliqué en deux traitements réitérés ; il s'administre lorsque l'ennemi est proche, que les taches sont nombreuses et trop anciennes, pour qu'on ait l'espoir d'arriver à l'extinction. Il a pour but de combattre le mal, sans tuer la vigne que l'on ne doit pas sacrifier, la préservation des vignobles voisins étant devenue impossible.

C'est ce genre de traitement que l'on a adopté pour la plupart des vignes de la Savoie, où il a été appliqué avec des doses variant entre 48 et 72 grammes, en deux opérations, à cinq ou six jours d'intervalle.

Nous croyons devoir vous donner les conséquences des applications aux diverses doses dont nous venons de parler.

Les traitements à la dose de 60 à 72 grammes de

sulfure de carbone par mètre carré, ont nui à la végétation de la vigne, en réduisant d'un quart ou d'un tiers la longueur des pampres de la vigne et le fruit à proportion.

Cet effet nuisible est d'autant plus prononcé que le développement des pampres est plus avancé.

Les traitements à la dose de 48 grammes, bien qu'appliqués pendant les sécheresses de l'été, ont eu des effets bien moins nuisibles sur les souches.

Les doses supérieures à 48 grammes, appliquées pendant la sécheresse, ont fait flétrir, jaunir et tomber les feuilles, et ont arrêté le développement des pampres et des fruits, en hâtant sa maturité.

Il résulte de ce qui précède qu'il serait utile de commencer de bonne heure, au printemps, le traitement et de ne l'opérer qu'à la dose de 40 à 60 grammes.

Les frais des divers traitements au sulfure de carbone que nous venons d'indiquer, varient entre 150 et 600 fr.

Les engrais qu'il est indispensable de donner à la vigne pour réparer les déperditions occasionnées par la présence de l'insecte, élèvent ces frais de 100 à 200 fr. par hectare.

Il est bien établi aujourd'hui que le sulfure de carbone, précieux au début d'une invasion phylloxérique pour retarder l'extension du mal, est impuissant à conjurer la perte à bref délai des vignes entièrement phylloxérées.

Les sulfo-carbonates de potassium. — Les sulfo-carbonates agissent par le sulfure de carbone prove-

nant de leur décomposition dans le sol, où ils sont
entraînés par l'eau à laquelle on les mélange ; leur
action est puissante en même temps qu'ils épuisent
moins la vigne que le traitement au sulfure de carbone, mais ils entraînent une dépense encore plus
considérable que ce dernier.

Surfaces traitées avec ces divers insecticides. —
Sur les 716,481 hectares de vigne morte ou mourante,
on a traité jusqu'à ce jour

Au sulfure de carbone............	2,512	hectares
Avec le sulfo-carbonate de potassium.	845	—
Par la submersion...............	2,834	—

Ce total réuni de 6,194 hectares
est bien faible en présence des ruines occasionnées par
le phylloxéra ; il prouve que l'on n'a pas une grande
confiance dans leur application.

LES VIGNES AMÉRICAINES

Il n'est plus contesté aujourd'hui que le phylloxéra
a été importé par des plants racinés venus d'Amérique.

Cette provenance de l'insecte et la résistance des
plants américains, cultivés au milieu des vignes françaises entièrement détruites par le phylloxéra, en a
fait rechercher le motif, et l'on a reconnu que la con-
texture des tissus des racines rendait la piqûre de
l'insecte inoffensive, non pas sur tous les cépages
venus du nouveau monde, mais sur un certain nombre de variétés, assez bien connues aujourd'hui, pour

que l'on puisse les recommander, avec quelque certitude, aux viticulteurs qui devront y avoir recours, pour reconstituer leurs vignes détruites.

La certitude de la résistance au phylloxéra d'un certain nombre de plants américains a fait renaître l'espérance au milieu des désastres occasionnés par les ravages de cet insecte.

Cette reconstitution présente cependant des difficultés, que nous croyons devoir signaler.

En général, les raisins qni croissent sur les vignes américaines, ont des grappes petites, auxquelles sont attachées de rares graines, d'inégale grosseur; de plus ces raisins ont un goût phoxé, un goût de fruit très accentué, peu agréable lorsqu'on le rencontre dans le vin.

Trois variétés seulement de la famille des Astivalis — le Jacquez, l'Herbemont et le Cunningham, donnent deux raisins rouges et un blanc, dont le développement et le goût se rapprochent de celui des vignes françaises.

Malheureusement dans la région que nous habitons, ces cépages, à maturité tardive, ne pourraient pas voir mûrir leurs fruits. Le Jacquez ferait peut-être seul exception; il arriverait à fruit en même temps que la mondeuse, mais son aptitude spéciale à contracter la maladie de l'*Anthracnose* devra le faire éliminer de nos plantations.

Il résulte de cet état physiologique des plants de provenance américaine, que l'on devrait renoncer à les utiliser si la greffe ne nous fournissait un moyen précieux de profiter de l'immunité de leurs racines, en les constituant les porte-greffes de nos raisins français.

PLANTS AMÉRICAINS PORTE-GREFFES RECONNUS
JUSQU'A CE JOUR COMME LES PLUS RÉSISTANTS

Première catégorie (5 types).

Solonis Riparia	De reprise assez difficile en bouture, sujet à l'anthracnose, s'aoûtant assez difficilement.
Labrusca	*York's-Madeira,* de reprise facile, exempt de toute maladie, de végétation moyenne, à bois grêle.
Hybride de Riparia	*Gaston Bazille,* même remarque que pour l'York's Madeira.

Deuxième catégorie.

Hybride de Riparia	*Vialla,* variété très méritante par sa rusticité, sa vigueur et son bon aoûtement, mais avec racines portant plus de phylloxéras que les trois précédents; il n'en souffre nullement, il convient à tous les terrains.
Id.	*Oporto*) mêmes remarques que pour le
Id.	*Franklin* (Vialla.
Id.	*Elvira.* — Cette variété très vigoureuse, très résistante, peut être recommandée, comme essais de production directe dans les régions du centre.
Riparia	*Riparia sauvage* et ses variétés, parmi lesquelles nous citerons le Baron-Perrier, sont très résistantes, de très facile reprise, mais il s'aoûte un peu difficilement dans les années tardives.

L'adaptation du sol. — Pour que les plants américains réussissent dans un terrain donné, il faut que la composition du sol leur convienne; c'est cette convenance que l'on désigne sous le nom d'*adaptation.* En général les plants américains se plaisent dans les terrains frais, argile siliceux, contenant une certaine proportion de fer.

C'est en cultivant plusieurs variétés de ceps, dans le sol où ils doivent se développer, que l'on arrive à se renseigner d'une manière exacte sur ceux qui s'y plaisent.

C'est pour avoir négligé cette étude préalable à toute grande plantation, qu'un grand nombre de propriétaires ont eu des déboires qui se traduisent par des pertes de temps et d'argent, lorsque l'on veut reconstituer une vigne sur une grande échelle.

COMMENT ON SE PROCURE DES VIGNES AMÉRICAINES

Les arrêtés ministériels des 11 et 12 décembre 1878 déterminent les arrondissements dans lesquels les vignes américaines peuvent librement circuler; aucun arrondissement de la Savoie et de la Haute-Savoie n'ont cette autorisation, mais comme cette interdiction peut être levée, et qu'il existe des plants américains d'ancienne plantation en Savoie, nous dirons un mot des moyens de se procurer économiquement pour l'avenir, des plants américains qui en ce moment ont un haut prix.

On se procure des vignes américaines par semis, par bouture et par la greffe.

L'inconvénient résultant des semis provient de la

durée de l'élevage des jeunes tiges et surtout de la crainte où l'on se trouve, qu'une malheureuse hybridation, compromette la résistance des plants que l'on aura obtenu.

En général, toutes les variétés de plants américains reprennent très bien par *bouture,* à la condition que les sarments aient été soigneusement conservés. Pour obtenir ce résultat, on coupe les boutures de longueur, et on les enfouit en couches horizontales à 15 ou 16 centimètres de profondeur dans du sable ou de la terre meuble, jusqu'au moment où on les met en place.

Le procédé le plus rapide et le plus économique de se procurer les boutures dont on a besoin, consiste à se procurer des greffons et à les placer sur des vignes françaises de 6 à 8 ans. On adopte la greffe en fente que l'on pratique à 10 ou 15 centimètres sous terre. Dès la première année, on aura ainsi un certain nombre de boutures disponibles.

Il y aurait encore beaucoup à dire sur les divers systèmes de greffe recommandés, pour greffer les ceps français sur les plants américains, mais le temps que nous a accordé le Congrès pour faire notre conférence, ne nous permet pas d'aborder ce sujet, que nous réserverons pour une autre circonstance.

DANGER D'IMPORTER LE PHYLLOXÉRA DANS LES PAYS INDEMNES PAR L'INTRODUCTION DE PLANTS AMÉRICAINS.

De ce que la vigne américaine, expédiée enracinée du nouveau monde, a importé en Europe le phylloxéra, il ne résulte pas d'une manière absolue, comme le font croire quelques personnes, que leurs racines et même leurs sarments en soient toujours couverts.

Il est en effet bien prouvé aujourd'hui que l'on trouve moins de phylloxéra sur les plants de vigne américains que sur les plants français, et cela se comprend, puisque chez nous ils trouvent une nourriture qui leur fait défaut en Amérique.

Cependant si nous ne voyons aucun danger à importer des boutures, en ayant soin par excès de précaution de les tremper pendant deux heures dans un bain de savon noir dilué, nous pensons qu'il est prudent de ne jamais importer des plants racinés américains, à moins qu'ils ne proviennent d'un pays non phylloxéré.

C'est ainsi que l'on pourra se procurer à Albertville chez M. Perrier de la Bathie des *Riparia* sauvages, en plants racinés d'un an ou de deux, reconnus comme des plus résistants et auxquels on a donné le nom de *Riparia Baron Perrier*.

Depuis 35 ans, M. Perrier a vu croître sur un murger ce cep de provenance américaine, qui lui procure aujourd'hui le moyen d'avoir un grand nombre de boutures, dont il en tirera un très bon parti pour rendre service à son pays et reconstituer plus tard ses vignes.

En terminant cette longue conférence, permettez-moi, Messieurs, de vous exprimer ma gratitude pour votre attention soutenue, en écoutant le développement d'un sujet aussi ingrat.

Je serai très heureux, croyez-le, Messieurs, si le phylloxéra, dédaignant d'envahir les vignes de la

Haute-Savoie, vous permet de ne vous souvenir de ma conférence qu'au point de vue historique ou comme une simple leçon d'histoire naturelle.

CONFÉRENCE DU Dᴿ JULES CARRET

SUR

LA DÉTÉRIORATION DU CLIMAT

DE LA SAVOIE

L'ACCROISSEMENT DE LA TAILLE

DANS LE DÉPARTEMENT DE LA SAVOIE

ET SUR

LES RACES SAVOYARDES

—

RÉSUMÉ

———

I

DÉTÉRIORATION DU CLIMAT DE LA SAVOIE

Le département de la Savoie, avec ses limites actuelles, comprend 327 communes. J'ai recherché les dénombrements de la population de ces 327 communes. J'en ai trouvé dix, échelonnés entre l'an 1800 et l'année 1876.

Ce territoire avait 223,496 habitants, en 1800. En 1848, sa population s'élevait à 293,120 habitants ; — elle avait augmenté d'un tiers. En 1876, elle était de 268,361 habitants ; soit d'un cinquième seulement plus nombreuse qu'en 1800.

Les 327 communes sont situées à des altitudes très
diverses. La plus élevée est à 1,849 mètres au-dessus
du niveau de la mer. La plus basse est à 227 mètres.
La différence entre les extrêmes est de plus de 1,600
mètres. Si nous partageons le pays en zones de 100
mètres d'altitude chacune, nous obtenons 17 zones.

Prenons la population de chacune des zones à chacun des recensements. Nous voyons que dans toutes
la population tend bien à augmenter et à diminuer
aux mêmes époques, mais qu'une cause spéciale, qui
pèse plus lourdement sur les zones supérieures, tend
à y atténuer l'augmentation de la population et à y
exagérer la diminution du nombre des habitants.

Au total, entre 1800 et 1876, nous voyons la population accrue dans toutes les zones au-dessous de
900 mètres, et diminuée dans celles qui sont au-
dessus. Les zones les plus basses sont celles où la population s'est le plus accrue; les plus hautes, celles
où elle a subi la plus grande diminution. Allant de la
zone la plus basse à la zone la plus élevée, on voit
l'accroissement se réduire régulièrement, cesser à
900 mètres, et, au-dessus, la diminution, faible d'a-
bord, augmenter dans une progression régulière.

Cette règle a quelques exceptions, mais les exceptions sont facilement explicables. La plus saillante est
relative aux communes de Maurienne voisines du grand
tunnel des Alpes, lesquelles montrent un accroissement
de population récent, dû à une cause particulière.

Reprenons les 327 communes, et divisons-les en
groupes suivant l'orientation. Dans les communes
dont les territoires regardent le nord, la population

s'est notablement moins accrue que dans les communes qui regardent le midi. Les communes tournées
à l'est se sont moins accrues que celles qui regardent
à l'ouest. Dans les zones supérieures à 1,100 mètres,
l'orientation la plus défavorable est le nord-est, puis
l'est, puis le nord. Dans les zones comprises entre
1,100 et 700 mètres, le nord est plus défavorable que
le nord-est, et le nord-est plus défavorable que l'est.
Entre 700 et 500 mètres, le seul point défavorable
paraît être le nord. En somme, la valeur de l'orientation est beaucoup plus marquée aux zones élevées
qu'aux zones basses ; et l'influence fâcheuse de l'est
s'atténue rapidement à mesure qu'on s'abaisse en altitude ; celle du nord persiste jusqu'aux zones inférieures.

Mgr Billiet, lorsqu'il était évêque de Maurienne,
fit rechercher par ses curés qu'elle était la population des 77 communes de son diocèse, vers l'an 1650.
Il a publié ces chiffres dans les *Mémoires* de l'Académie de Savoie. De leur examen, il résulte que les
règles qui ont présidé aux variations de la population
entre 1800 et 1876, agissaient aussi entre 1650 et
1800, mais d'une manière moins énergique.

Il est facile de trouver ce que j'appellerai le *point
de mi-population* pour un recensement quelconque :
c'est l'altitude qui partage en deux parties égales la
population totale des 327 communes. Entre 1800 et
1876, malgré que la somme des habitants ait été notablement accrue en 1848, le point de mi-population
s'est abaissé par un mouvement sensiblement régulier ; — moins rapide cependant entre 1800 et 1814

que depuis cette dernière époque. Si l'on tient comme exacts les chiffres des 77 communes de Mgr Billiet, on trouve qu'entre 1650 et 1800, l'abaissement du point de mi-population a été relativement lent. La considération du point de mi-population a ceci d'avantageux qu'elle élimine du débat les causes qui tendent, également dans toutes les zones, à augmenter ou à diminuer le chiffre des habitants, et ne laisse subsister que les causes à actions inégales.

Vers 1728, fut dressé le cadastre qui sert encore aujourd'hui en Savoie, travail justement célèbre. Les cadastres font connaître la valeur productive du sol, et servent aux gouvernements à répartir les impôts en raison des productions des terrains. Les opérations cadastrales de 1728 montrèrent que les impôts supportés par les diverses provinces de la Savoie n'étaient plus en rapport avec la valeur productive de leur sol. On mentionnait alors un « vieux cadastre, » lequel date peut-être des environs de 1570, mais il est probablement plus ancien ; il fut détruit dans les incendies des archives de Chambéry.

En 1731, on proposa une nouvelle répartition des impôts, amenant au même total pour la Savoie entière. D'après le document de 1731, les impôts des trois provinces basses devaient être accrus ; — ceux des trois provinces hautes, diminués. Ceux de la Tarentaise, la province la plus haute, devaient être réduits presque de moitié.

Ceci démontre qu'antérieurement à 1730, la production du sol décroissait dans les zones élevées et s'accroissait dans les zones basses. C'est exactement la marche que nous avons constatée relativement à la population.

Pourquoi la population diminue-t-elle ainsi dans les localités élevées, et spécialement à certaines orientations ? — Il s'agit sûrement d'une diminution dans la quantité des subsistances, c'est-à-dire dans la productivité du sol. Il y a sûrement une détérioration du climat.

Quelques faits viennent à l'appui de cette idée : la limite supérieure des forêts et la limite supérieure de la culture de la vigne s'abaissent en Savoie.

Pour nous aider à définir la cause de la détérioration du climat de la Savoie, considérons les modifications climatériques qui paraissent, avec quelque certitude, s'être effectuées durant les derniers siècles dans l'Europe occidentale.

Les observations thermométriques montrent que la température moyenne de Londres s'est élevée d'un peu plus d'un degré centigrade depuis un siècle environ ; et l'hiver y a plus gagné de chaleur que l'été. Elles montrent au contraire qu'en divers lieux d'Allemagne, l'hiver est un peu plus froid qu'il y a cent ans.

Dans le sud de l'Angleterre et le nord-ouest de la France, les hivers s'adoucissent et les étés sont moins chauds : le climat tend à devenir uniforme. On en a une bonne preuve dans la limite septentrionale de la culture de la vigne. Autrefois, la vigne était cultivée jusqu'aux environs de Bristol et de Londres. Aujourd'hui, la limite part de l'embouchure de la Loire, passe un peu au nord de Paris, et se continue jusqu'à Mézières, parallèle à la côte de la Manche. Or, la température moyenne annuelle est plus élevée à l'embouchure de la Loire qu'à Mézières. Ce qui manque à la vigne, dans le nord-ouest de la France, c'est la chaleur estivale.

Dans le centre de l'Europe, le climat tend au contraire à devenir extrême. En Hongrie, les plantes des steppes progressent vers l'ouest, et aucune plante occidentale ne gagne dans le sens contraire.

Dans le midi de la France, l'olivier, l'oranger, le citronnier reculent vers le sud. La canne-à-sucre, anciennement acclimatée en Provence, en a disparu. Ceci montre une aggravation du froid de l'hiver aussi bien qu'une diminution de la chaleur de l'été.

En Savoie, il ne s'agit pas simplement de l'uniformisation du climat ou de la tendance à un climat extrême; il ne s'agit pas du reboisement ou du déboisement des montagnes. Dans ce résumé, je dois omettre la discussion sur ces points. Aucune de ces hypothèses ne pourrait expliquer la dépopulation telle que nous l'avons observée. En Savoie, il y a certainement abaissement de la température estivale, probablement aussi, aggravation du froid de l'hiver.

Il me reste à dire la cause à laquelle j'attribue tout ensemble la détérioration du climat de la Savoie et les modifications en sens divers des climats de l'Europe occidentale.

On sait qu'au nord de l'Europe un mouvement séculaire du sol fait depuis longtemps émerger les rivages. Toute la côte de l'océan Glacial, depuis la péninsule scandinave jusqu'à l'archipel de la Nouvelle-Sibérie, présente, parfois jusqu'à plusieurs centaines

de kilomètres à l'intérieur des terres, des coquilles
d'espèces actuelles et les débris des bois que la mer
charrie. La mer devient moins profonde. La Nouvelle-
Zemble se dresse comme une digue entre la Russie et
la masse des glaces polaires. Les détroits qui font
communiquer la mer de Barentz avec la mer de Kara
tendent à se fermer.

Une branche du Gulf-Stream apportait aux côtes
sibériennes les bois jetés au golfe du Mexique par les
fleuves américains. Ce courant d'eau tiède ne dépasse
plus guère le cap Nord ; il se détourne et revient à
l'Atlantique en longeant les îles anglaises. Nos mers
boréales deviennent de plus en plus froides.

Aussi, partout, en Europe, excepté dans les lieux
favorisés par la déviation du Gulf-Stream, la température a tendance à baisser, les climats prennent un
caractère continental, les saisons s'accentuent.

Les vents du nord et du nord-est ont plus perdu de
leur température que tous les autres vents du compas.
Par le fait de la rotation du globe, ces courants obli-
quent sur leur droite, et ils soufflent sur la Savoie,
comme s'ils venaient du nord-est et de l'est. Mais, du
mont Blanc jusqu'au mont Cenis, notre pays est protégé par une barrière continue de montagnes où aucun
col n'est inférieur à 2,200 mètres ; nos vallées sont
abritées contre les vents de l'est.

Voilà comment les hautes zones de la Savoie per-
dent leur fertilité et se dépeuplent ; voilà pourquoi la
dépopulation est principalement marquée sur les ver-
sants tournés au nord et à l'est ; pourquoi l'est est
pire que le nord au-dessus de 1,100 mètres ; et com-

ment, au-dessous de 700 mètres, l'influence de l'est est presque nulle.

Le refroidissement des mers septentrionales n'a pas eu un progrès uniforme ; il a dù s'accélérer à mesure que se fermaient les détroits. On comprend donc encore que l'abaissement de la température en Savoie ait dù accélérer sa marche.

Ceci vient à l'appui des idées émises dans mon livre *Le Déplacement polaire*.

II

ACCROISSEMENT DE LA TAILLE DANS LE DÉPARTEMENT DE LA SAVOIE

Nous avons tous entendu dire que les hommes d'aujourd'hui sont inférieurs aux hommes d'autrefois, que les hommes d'autrefois étaient plus grands et plus robustes. J'ai vainement cherché des preuves de dégénérescence. Je n'aurai pas de peine à montrer, qu'en ce qui concerne le département de la Savoie, les hommes d'aujourd'hui sont remarquablement plus grands que ceux du commencement du siècle, et donnent une proportion d'infirmes notablement moindre.

Grâce à la bienveillance de MM. les officiers du bureau de recrutement de Chambéry, j'ai pu relever sur les registres de ce bureau les tailles et une partie des signalements de douze mille conscrits environ — ceux des sept dernières années. Durant l'époque antérieure à ces sept années, les signalements des conscrits n'étaient notés ni en Savoie, ni ailleurs en France.

Le gouvernement sarde a publié, dans les *Informazioni Statistiche* (Bibliothèque de Chambéry), les principaux faits relatifs aux opérations de recrutement, pour la période de dix années qui va de 1828 à 1837 inclusivement.

Enfin, je me suis servi des renseignements qu'on trouve dans les ouvrages de Verneilh et de Palluel (Biblioth. de Chambéry) sur les conscrits du département du Mont-Blanc, pour les années 1803, 1804, 1805 et 1806.

Je suis loin de considérer comme terminées mes études sur les conscrits de la Savoie. Elles sont très longues, de leur nature ; et le temps que j'y ai employé, est relativement court. J'espère pouvoir continuer mes recherches au bureau de recrutement. En outre, j'ai vu aux archives de Chambéry une soixantaine de registres, généralement bien tenus, lesquels contiennent les signalements de plus de vingt mille conscrits du département du Mont-Blanc, examinés de 1800 à 1812. C'est une riche mine à exploiter.

Les conscrits du département de la Savoie mesurés durant les six années qui vont de 1872 à 1877 inclusivement, sont au nombre de 9876. Leur taille moyenne est 1m,648mm.

Traçons une ligne verticale, divisée en centimètres, et représentant la *toise* dont on se sert pour mesurer les conscrits. Traçons encore une série de lignes horizontales, ayant chacune son origine à l'une des divisions de la ligne verticale. Puis prenons sur les horizontales, des longueurs proportionnelles aux nombres des conscrits possédant les tailles indiquées. Et supposons mené un trait qui réunisse les extrémités libres des horizontales.

Les *schémas* obtenus par ce procédé varient leurs formes suivant les départements et suivant les époques.

Ici, les tailles extrêmes sont 1^m,41 et 1^m,89.

De 1^m,89 jusque vers 1^m,80, les hommes sont en petits nombres, et le trait sinueux qui passerait par les extrémités des horizontales s'écarte peu de la verticale. Le plus grand nombre des conscrits appartient à l'horizontale menée par la hauteur 1^m,66. De 1^m,80 à 1^m,66, le trait s'écarte rapidement de la verticale, puis s'arrondit vers le maximum, comme le sommet d'une vague. Il est de nouveau proche de la verticale vers 1^m,50, et se confond avec elle au-dessous de 1^m,41. Au-dessus et au-dessous du maximum, les deux moitiés de la courbe sont sensiblement symétriques. Il n'y a pas lieu de remarquer deux maxima secondaires, formés aux hauteurs 1^m,60 et 1^m,70 ; ils sont dus à l'attraction produite par les nombres ronds sur le mesureur ; ces excès artificiels comblent assez exactement les vides qu'on voit aux nombres les plus voisins.

Le schéma des conscrits du département du Doubs présente deux maxima. M. Bertillon en a inféré que le département du Doubs est peuplé par deux races principales, distinctes par la taille.

L'unité du schéma de la Savoie n'est qu'apparente. Si, au lieu du département entier, nous ne prenons qu'un canton, un canton quelconque, le schéma des tailles des conscrits devient irrégulier, forme un ma-

ximum principal notablement au-dessus ou au-dessous
de la hauteur moyenne, ou dessine quatre ou six
maxima bien marqués, — dans le canton d'Ugines
par exemple. Dans le schéma de la Savoie, des singu-
larités multiples se compensent, et amènent un total
presque régulier.

A l'aide de ce schéma nous pouvons facilement
calculer le nombre des conscrits dont la taille est supérieure ou inférieure à telle ou telle mesure, ou les
nombres compris entre deux limites quelconques.

Les *Informazioni Statistiche* divisent en cinq
groupes les conscrits mesurés dans la période 1828-
1837. Le premier groupe comprend les conscrits dont
la taille est inférieure à 1m,541 ; le cinquième comprend ceux dont la taille est supérieure à 1m,732.
Les groupes intermédiaires ont pour limites les hauteurs 1m,626 et 1m,668.

Les résultats sont donnés par provinces. Le territoire actuel du département de la Savoie répond à peu
près à quatre de ces provinces : Savoie-Propre, Haute-
Savoie, Maurienne et Tarentaise. Cependant, la somme des quatre provinces donne un territoire un peu
trop grand ; il faudrait en déduire le canton de Faverges et les six communes d'Alby, Chainaz, Cusy,
Héry-sur-Alby, Les Frasses et Saint-Félix, qui appartiennent au département de la Haute-Savoie. Les
conscrits du canton de Faverges et des six communes
sont en moyenne plus grands que ceux de la Savoie ;
nous ne pouvons pas les retrancher ; ils vont élever
un peu la taille moyenne du département pour l'époque considérée.

Durant les dix années 1828-37, on mesura 25,527 conscrits dans les quatre provinces.

Les *Informazioni Statistiche* mentionnent simplement les nombres des conscrits compris dans chacun des cinq groupes. Nous ne pouvons pas calculer leur taille moyenne, mais nous pouvons calculer la taille médiane.

Imaginons un nombre quelconque d'hommes rangés sur une seule ligne par ordre de stature. Leur taille médiane est la taille de l'homme qui occupe le milieu de la série, et qui a autant d'hommes à sa droite qu'à sa gauche.

La taille moyenne des conscrits de la période la plus récente est, comme nous l'avons vu, 1^m,648 ou, plus exactement, 1^m,64826. Leur taille médiane est 1^m,6484. C'est presque le même chiffre; l'inégalité n'atteint pas deux dixièmes de millimètre.

La taille médiane des conscrits de la période 1828-37 est 1^m,6187. Elle est inférieure de près de trois centimètres à la taille médiane des conscrits les plus récents.

Construisons un schéma formé de cinq rectangles, pour répondre aux cinq groupes des *Informazioni*, et construisons un second schéma semblable à l'aide des tailles de la période la plus récente. Nous voyons que le nombre des conscrits dont la taille est supérieure à 1^m,732 a presque doublé, que les deux rectangles suivants ont augmenté, et que le rectangle des plus petits hommes a considérablement diminué. Sur 1000 mesurés, on avait 186 hommes de taille inférieure à 1^m,541, on n'en a plus que 28,3.

Pouvons-nous conclure que la taille moyenne des conscrits du département s'est réellement élevée de trois centimètres entre les deux époques ? — Non, pour plusieurs raisons que je ne déduis pas dans ce résumé. Il demeure cependant certain que la taille s'est élevée, et considérablement élevée.

De Verneilh, qui fut préfet du département du Mont-Blanc vers 1804, publia en 1807 un ouvrage descriptif et statistique sur le département qu'il avait administré. Ce livre fut considéré comme un modèle. J'y puise les renseignements suivants.

En 1804, sur 4165 inscrits, 2299, c'est-à-dire plus de la moitié, furent réformés. La plupart de ces réformes, dit de Verneilh, eurent lieu pour défaut de taille. La taille exigée était alors 1^m,598 (4 pieds, 11 pouces.) La levée de 1804 comprenait « deux exercices. »

En 1805, sur 2264 inscrits, on en réforma 565, le quart, pour défaut de taille, et la limite était 1^m,543.

En 1806 on avait 3837 inscrits, pour un espace de 15 mois et 10 jours. Sur ce nombre, 1108 conscrits, soit 29 pour 100, furent réformés « pour défaut de semblable taille. »

Les annuaires de Palluel confirment ces données.

Le département du Mont-Blanc comprenait alors tout le territoire actuel du département de la Savoie, plus les cantons d'Annecy-Nord et Sud, de Faverges, de Rumilly et de Thônes, lesquels fournissaient un nombre d'inscrits presque égal au quart du total. D'après le tableau de Palluel, (Annuaire de l'an XIII,) les inscrits de ces cinq cantons ne donnaient que 21 pour 100 de statures inférieures à 1^m,543.

Nous pouvons estimer à 278, pour 1000 inscrits, le nombre des statures inférieures à la limite 1ᵐ,541, pour le territoire qui forme le département actuel de la Savoie.

Si nous supposons que la taille 1ᵐ,541 soit la limite de l'insuffisance de stature pour les trois époques, nous trouvons que le département de la Savoie aurait donné, sur 1000 inscrits :

Entre 1803 et 1806, — 278 réfˢ pour défaut de taillle,
Entre 1827 et 1839, — 186   —
Entre 1872 et 1878, — 28   —

A l'aide de ces nombres, nous pouvons évaluer l'accroissement de la taille accompli depuis trois quarts de siècle.

Si l'on voulait estimer les tailles moyennes de différents pays sur la seule donnée des plus petites tailles, on risquerait extrêmement de tomber dans l'erreur. Les divers cantons de la Savoie, ordonnés suivant les tailles moyennes, ne sont pas, à beaucoup près, ordonnés suivant les nombres des insuffisances de taille. Mais il s'agit ici d'un même pays : le département de la Savoie ; et les époques que l'on compare ne sont ni assez distantes ni assez inconnues pour qu'on puisse craindre l'adjonction subite de races nouvelles ni la disparition subite de races anciennes.

Nous avons plusieurs manières d'évaluer l'accroissement :

1º Déplacer la totalité du schéma récent le long de l'échelle verticale, de manière à laisser au-dessous de l'horizontale 1ᵐ,541 les proportions des conscrits indiquées, et mesurer les déplacements ;

2º Admettre un accroissement de trois centimètres entre l'époque moyenne et l'époque récente, et admettre qu'une diminution dans le nombre des petites tailles comporte une augmentation proportionnelle de la taille moyenne ;

3º Supposer que la taille moyenne se soit accrue de quantités égales dans des temps égaux.

Suivant ces trois méthodes, la taille moyenne des conscrits se serait accrue de près de cinq centimètres. Les fils auraient en moyenne deux centimètres de plus que les pères. Mais diverses raisons font cette évaluation fort imparfaite. Nous devons avoir plus gagné du côté des petites tailles que du côté des grandes ; le schéma se resserre à mesure qu'il s'élève. L'accroissement n'est peut-être que de quatre centimètres. Je ne pourrai donner un chiffre définitif qu'après avoir étudié les conscrits dont les signalements sont aux archives.

L'accroissement de la taille est dû à l'élévation du type de bien-être et, plus spécialement, à l'augmentation de la quantité et de la qualité de la nourriture qui forme la part moyenne de chaque individu. Cette cause pouvait être prévue ; il est difficile d'en supposer une autre. Elle devient plus claire si l'on examine quels rapports existent entre la hauteur de la stature, le degré d'instruction et le nombre des cas de réforme pour infirmités.

Les conscrits illettrés ont une taille moyenne inférieure d'un centimètre à la taille moyenne ordinaire. C'est qu'ils forment évidemment une catégorie où la nourriture est pauvre.

Les conscrits infirmes sont plus petits que les conscrits valides. Dans la période 1872-78, la taille médiane des ajournés pour infirmités et pour faiblesse (tous plus grands que 1m,54,) est 1m,6212. La taille médiane de tous les mesurés, si l'on élimine les mesurés inférieurs à 1m,54, est 1m,6504. Différence, trois centimètres.

Si, dans chacun des 29 cantons du département, nous recherchons la taille moyenne et le nombre des illettrés et des exemptés pour infirmités, nous découvrons facilement cette règle générale : *Que les nombres des conscrits illettrés et infirmes sont en raison inverse de l'élévation de la taille moyenne.* Les exceptions paraissent explicables par des différences de races.

Durant la période 1803-1806, les cantons de grande altitude : Lanslebourg, Modane, Saint-Michel, Saint-Jean-de-Maurienne, Moûtiers Nord et Sud, Beaufort, se signalaient par leurs petits nombres de conscrits à taille insuffisante ou infirmes. Ils paraissent n'avoir que peu gagné. Les progrès les plus considérables ont été accomplis, à tous les points de vue, par les cantons d'altitude inférieure : Ruffieux, Albens, Mont-mélian, Aix.

D'après le tableau de Palluel, en 1805, la portion du département du Mont-Blanc qui correspond au département actuel de la Savoie, avait 1739 inscrits, sur lesquels 343 furent réformés pour infirmités, sans compter 147 réformés provisoires.

Verneilh dit qu'en 1806, sur un total de 3837 inscrits, outre 1108 conscrits réformés pour défaut de taille, il en fut exempté 1419, soit 369 pour 1000, pour infirmités et difformités.

Le nombre des exemptés pour infirmités à cette époque, peut être évalué à 250 pour 1000 inscrits, et à 300 si nous comptons les réformés provisoires.

Dans la période 1872-70, on n'a exempté pour la même cause que 162 conscrits sur 1000 inscrits. Les ajournés pour infirmités et pour faiblesse ont été de 47 pour 1000 ; mais, sur ce nombre, 37 pour 1000 ont été repris par le service militaire.

Entre les deux époques, le total des infirmes a diminué d'au moins un tiers. Et, si l'on pense que les commissions du premier empire admettaient probablement au service militaire bien des conscrits qui seraient refusés par les conseils de révision d'aujourd'hui, on jugera cette évaluation plutôt atténuée qu'exagérée.

En 1806, suivant Verneilh, il y avait 5000 goîtreux et crétins des deux sexes seulement en Maurienne ; le département, pris dans son ensemble, avait un goîtreux pour 33 habitants environ. En 1801, d'après le recencement qui venait d'être terminé, on comptait un mendiant de profession sur 62 habitants. Suivant les dénombrements les plus récents, le département de la Savoie avait encore : 6020 goîtreux en 1861, 3992 en 1866, 2719 en 1872, et 948 en 1876, soit un sur 283 habitants. Les mendiants sont devenus rares.

Au commencement du siècle, 1000 inscrits ne fournissaient qu'environ 400 hommes en état de porter les armes. Aujourd'hui, 1000 inscrits donnent 800 soldats. En d'autres termes, pour obtenir 1000 soldats, il fallait examiner 2500 conscrits ; — il suffit actuellement d'en examiner 1250. Et les hommes d'aujourd'hui sont plus grands, plus forts, plus instruits, plus aptes à défendre le sol et plus aptes à le travailler que les hommes du commencement du siècle.

III

LES RACES SAVOYARDES

Si le précédent travail n'est pas terminé, celui-ci est à peine ébauché. Je ne possède encore qu'un petit nombre de résultats présentant un degré satisfaisant de certitude. Je n'exposerai que ceux-là.

D'après la carte ethnologique de la France, du docteur Lagneau, le département de la Savoie serait occupé par trois races principales, plus ou moins fondues, mais chacune possédant un territoire où elle domine. Les trois territoires sont : les hauts cantons qui bordent la frontière italienne ; — les bords du Rhône et du Guiers, plus la vallée de Chambéry, jusqu'à l'Isère ; — et l'espace intermédiaire.

Le long de la frontière seraient les Ligures, — hommes à cheveux bruns ou noirs, brachycéphales (c'est-à-dire au crâne arrondi), de taille moyenne ou petite.

A mi-hauteur, seraient les Celtes, analogues aux Bretons et aux Auvergnats, mais de race plus pure, — les Savoyards proprement dits, les descendants de ces

Asiatiques qui civilisèrent l'Europe, — hommes à cheveux châtains ou bruns, un peu plus brachycéphales que les Ligures, et de taille à peine plus élevée.

Enfin, dans le bas pays, seraient les descendants des derniers envahisseurs, de ceux qui refoulèrent les Celtes, les fils des races germaniques septentrionales, — grands, blonds, aux yeux bleus, et dolichocéphales, c'est-à-dire au crâne de forme allongée.

J'ai cru à cette répartition. Elle s'accorde avec les théories acceptées. Mais ce n'est qu'une vue de l'esprit, fort éloignée de la vérité.

J'ai divisé le département de la Savoie en quatre parties : la première est la vallée de l'Arc ; la seconde, la vallée de l'Isère ; la troisième, les sept cantons de la vallée de Chambéry ; la quatrième, les quatre cantons situés à l'ouest de la montagne de Lépine, et confinés par le Rhône et le Guiers ; — et j'ai cherché quelles sont les proportions des conscrits à cheveux des diverses nuances attribuées aux quatre divisions.

La nuance des cheveux, marquée au signalement de chaque conscrit, est fixée par le sergent de recrutement, lequel accompagne le conseil de révision dans les vingt-neuf cantons du département. Pour le sergent, les cheveux sont de neuf nuances : blond, blond foncé, châtain clair, châtain, châtain foncé, brun, noir, roux et rouge. Nous pouvons négliger les deux dernières nuances, qui n'appartiennent qu'à un très-petit nombre d'individus. Supposons mille conscrits, rangés sur une seule ligne, et ordonnés suivant la couleur de leur chevelure, du blond le plus clair au noir le plus foncé. Tel sergent de recrutement attri-

bue l'appellation de blond aux cent premiers conscrits ;
tel autre, seulement à cinquante ; on voit encore le
même sergent varier dans ses appréciations et trouver
plus de blonds ou plus de bruns une année que l'année
suivante. Ces variations ne nuisent pas ; il suffit que
chaque année une même règle soit appliquée à tous
les cantons.

Or, à chaque année, il se trouve que les conscrits
des nuances foncées abondent particulièrement dans
les quatre cantons situés à l'ouest de Lépine et dans la
vallée de Chambéry ; leur proportion y est plus nombreuse d'un tiers que dans le reste du département.
Chaque année encore, les conscrits des nuances claires
sont plus nombreux qu'ailleurs dans les vallées de
l'Arc et de l'Isère. Ainsi, les cantons des montagnes
sont en général moins bruns que les cantons d'altitude inférieure. Les chevelures, à l'opposé de ce
qu'indiquerait la carte du docteur Lagneau, vont blon-
dissant du nord-ouest au sud-est du département.

Si nous prenons en masse les conscrits des nuances
plus claires que le châtain, les châtains et les conscrits à chevelures foncées, nous trouvons que les
blonds sont un peu plus grands que les autres. La
différence est faible. Mais, parmi les trois nuances
principales, il est des groupes d'hommes très-grands,
et des groupes d'hommes très-petits.

La Savoie possède au moins deux races à cheveux
noirs. Quand le sergent ne désigne sous cette appellation qu'un nombre très-restreint de conscrits, la taille
moyenne de ces conscrits est élevée. Quand le nombre
des noirs augmente, presque subitement la taille

moyenne tombe à un chiffre très-bas. Et, si le nombre augmente encore, la taille se relève. Il y a donc un groupe à cheveux très-noirs et à taille haute, — et un groupe à cheveux un peu moins foncés et à taille très-petite.

La Savoie possède également plusieurs races blondes et plusieurs races à cheveux châtains.

En ce qui concerne la répartition des statures dans le département, je ne puis mieux faire que de donner la liste des vingt-neuf cantons rangés suivant la grandeur des tailles des conscrits des six levées de 1872-77.

Ruffieux	1m,67105
Albens	1m,66312
Aix-les-Bains	1m,66210
Beaufort	1m,66139
Le Châtelard	1m,65833
Montmélian	1m,65614
Les Echelles	1m,65518
Saint-Genix	1m,65341
Chambéry-Nord	1m,65325
La Motte-Servolex	1m,65273
Saint-Jean-de-Maurienne	1m,65273
Yenne	1m,65214
Ugines	1m,65206
Chambéry-Sud	1m,65155
Albertville	1m,65095
Grésy	1m,64844
Pont-Beauvoisin	1m,64800
Bourg-Saint-Maurice	1m,64785
La Chambre	1m,64731

Lanslebourg....................	1m,64719
Chamoux	1m,64683
La Rochette................	1m,64563
Saint-Pierre-d'Albigny.......	1m,64237
Bozel.....................	1m,63967
Saint-Michel................	1m,63929
Moûtiers...................	1m,63700
Modane....................	1m,63375
Aime......................	1m,62975
Aiguebelle	1m,62346

Pour calculer les chiffres de ce tableau, j'ai dû laisser de côté tous les conscrits de taille inférieure à 1m,54.

Ici, la taille des conscrits de Ruffieux dépasse de près de cinq centimètres la taille des conscrits d'Aiguebelle. La différence serait de plus de cinq centimètres si j'avais pu tenir compte des conscrits réformés pour insuffisance de taille ; — car ces derniers sont nombreux dans le canton d'Aiguebelle, plus que dans tout autre canton, tandis que, durant les six années, pas un seul conscrit du canton de Ruffiieux n'a été réformé pour taille insuffisante.

Le nombre des illettrés dans chaque canton dépend de deux facteurs principaux : le degré de l'aisance générale et la race. Nous avons vu que la taille moyenne des conscrits illettrés est inférieure d'un centimètre à la moyenne générale ; cette différence témoigne de la valeur de l'aisance.

Les proportions d'illettrés qu'on rencontre parmi les conscrits des diverses nuances de cheveux, montrent la valeur du second facteur. Supposons encore tous les conscrits du département rangés sur une seule ligne et ordonnés des blonds aux noirs. Les blonds composent un peu plus du quart de la ligne entière ; et les bruns un peu plus du cinquième. Toute la partie intermédiaire est formée des châtains. Nous ne retenons que les trois nuances principales. Cent blonds donnent 10,4 illettrés. Cent châtains en fournissent 8,4. Cent bruns n'en donnent que 5,8.

Ces résultats sont d'autant plus certains que les blonds sont en moyenne plus grands que les bruns, et que les cantons les plus hauts sont parmi ceux qui ont le moins d'illettrés.

Des nombres égaux des conscrits des trois nuances donnent les proportions suivantes d'ajournés pour infirmités et faiblesse : blonds, 22 ; châtains, 20,8 ; bruns, 10. Le chiffre des bruns n'atteint pas à la moitié des deux autres chiffres.

Le docteur Beddoe affirme que les chevelures d'Angleterre sont en voie de brunir. Il a examiné 737 femmes. La proportion des femmes ayant trouvé mari croît du 55 pour 100 pour les blondes, au 79 pour 100 pour les noires, en passant par des nombres intermédiaires pour les nuances intermédiaires. Si réellement les blondes gardent moins de chances de se marier que les brunes, on comprend que les enfants qui naissent et qui doivent naître en Angleterre, donneront des proportions de plus en plus considérables de chevelures foncées.

Pour des motifs différents et, je crois, plus sérieux, parce qu'ils échappent aux variations de la mode, on

peut affirmer que les chevelures de Savoie tendent
également à brunir : — les infirmités des blonds et
leur difficulté d'apprendre sont de lourdes infériorités
dans la lutte pour l'existence.

COUP D'ŒIL

CERTAINS USAGES & SUR LE PATOIS

DE LA

VALLÉE DE LA DRANSE, HAUTE-SAVOIE, AVANT 1792

PAR M. AIMÉ CONSTANTIN

I

Parmi les papiers laissés par M. l'avocat Alphonse Despine, dont les dernières années ont été consacrées à recueillir et à sauver de l'oubli tout ce qui se rapporte à notre littérature populaire, nous en avons trouvé plusieurs relatifs aux mœurs et usages de la Savoie, entre autres, un qui ne manque pas d'intérêt.

L'auteur de cet écrit est inconnu, mais il est évident que c'est un enfant du pays. Frappé des changements qui s'étaient opérés, en quelques années, dans les usages et le patois du Haut-Chablais, sous l'influence des nombreux émigrés qui étaient venus y chercher un refuge pendant la Révolution, il a eu l'heureuse idée de laisser par écrit certains usages et spécimens du patois, tels qu'ils existaient avant 1792.

Le patois de Morzine est représenté par la fable de *La Laitière et le Pot au lait* et par une traduction de la parabole de l'*Enfant prodigue*. Une autre traduction de la même parabole est écrite dans les patois de Saint-Paul et de Thollon.

L'auteur a eu le bon esprit de s'appliquer à donner une représentation aussi exacte que possible de la prononciation d'alors, en rejetant toutes les lettres muettes. Sous ce rapport, ce document est excessivement précieux [1].

Tout en conservant à cette courte notice son cachet propre, nous avons cru devoir y faire quelques modifications et ajouter quelques usages d'autres communes de la même vallée, pour former un tout plus complet. Il ne s'agit pas ici d'une étude comparée des usages de la Savoie, — les documents sur ce sujet sont encore trop peu nombreux, — mais d'une simple introduction à cette étude. Nous nous estimerions heureux si, par la publicité de ces courtes notices, nous pouvions contribuer à provoquer des recherches sur cette matière et à sauver de l'oubli nos anciens usages.

BAPTÊMES

Dans le Haut-Chablais on est exempt de chercher des parrains et marraines. Ce sont eux-mêmes qui sollicitent cette charge, comme une faveur, et ils s'y prennent de bonne heure. Aussi n'a-t-on que l'embarras du choix et celui de savoir refuser délicatement ceux qu'on ne veut pas, chose souvent très épineuse.

---

[1] Voir la *Revue savoisienne*, 1880, N° 2.

Le jour du baptème, il n'y a guère que le parrain et la marraine avec la sage-femme, qui accompagnent l'enfant à l'église. Par égard pour l'état de la mère, toute réjouissance profane est bannie ce jour-là de la maison du nouveau-né, mais il en est autrement le dimanche qui suit les relevailles. Un banquet simple, mais copieux, y appelle parents et amis. On y parle du bonheur qu'a reçu la petite créature, et de ce qu'elle peut devenir un jour. Le père et la mère sont accablés de félicitations. Sous l'influence du *rouge* de Thonon ou du *blanc* de la Côte d'Arve, ou du cidre du pays qu'on verse à grands flots, les plus flegmatiques deviennent tout à coup des Massillons champêtres ou des Horaces au petit pied.

MARIAGES

Dans certaines communes les mariages sont précoces et nombreux; dans d'autres un seul enfant, ordinairement l'aîné, prend femme (Saint-Jean-d'Aulph). Les mœurs souffrent de ce dernier abus; ne rien exagérer est l'affaire du sage.

Les parents du jeune homme, après avoir sondé les dispositions de leur fils ou petit-fils, négocient le mariage auprès des parents de la personne désirée. Le jeune homme ne doit se présenter qu'après avoir reçu l'assurance qu'il sera favorablement accueilli.

L'affaire conclue, le jour des épousailles est fixé. En ce jour solennel, tout ce qui n'est pas entièrement neuf, déshonore la toilette des promis. Tous les conviés arrivent de bonne heure à la maison de la promise; là, les attend un confortable déjeuner.

Reine de la fête, celle-ci est parée comme une reine. Une coiffe dix fois placée et replacée par les matrones et les amies, orne sa tête. Une guirlande de fleurs artificielles la ceint comme un diadème. Une coquette et belle rose, entourée de brillantes paillettes, embellit son occiput.

Si la malignité publique n'a jamais fait courir de bruits injurieux sur sa vertu, et qu'elle ait le droit de porter la tête haute, un petit rameau de fleurs s'élève comme une aigrette sur son front. De la guirlande partent deux longs et larges rubans, parsemés de paillettes, qui flottent et voltigent sur ses épaules. Un autre ruban beaucoup plus large entoure sa taille, et forme une ceinture dont les deux bouts descendent jusqu'aux pieds [1].

Les fiancés doivent, si c'est possible, demeurer à jeûn jusqu'après la cérémonie. Le père de la jeune fille fait les honneurs du banquet ; car, n'étant pas encore considéré comme chef, le jeune homme doit se tenir dans une honnête et quasi timide réserve. La mère doit pleurer sur le départ de sa fille. Celle-ci, quoiqu'elle puisse être ravie de bonheur, doit s'affliger de quitter d'aussi bons parents. Ses yeux fussent-ils secs, comme le fer dans la fournaise, elle doit les essuyer sans relâche.

Quand les convives, en gens bien appris, ont largement fait honneur au déjeûner, et répandu des flots de consolation sur leurs hôtes éplorés, qui intérieurement bondissent de joie, on s'achemine vers l'église. La fiancée ouvre la marche, conduite par son père et

---

[1] Cette ceinture s'appelle en patois *le fien.*

un de ses frères ou proches parents. Vient ensuite le fiancé avec ses amis. Pendant que le violon, à la tête du cortège, ricane en soubresaut *Vins, malorosa, vins,* les montagnes répètent au loin les détonations des boîtes et des pistolets.

La cérémonie religieuse achevée, l'époux avec une de ses plus proches parentes donne le bras à la jeune mariée, et la conduit triomphalement à sa nouvelle demeure au milieu d'un fracas, encore plus assourdissant que le premier.

Tout à coup le joyeux cortège s'arrête et se tait. L'étonnement est peint sur tous les visages : la maison est fermée, et partout un silence de mort !

On court vers la porte qui gémit sous les coups des convives.

— Qui va là? dit tout à coup une voix de femme d'un ton aigre.

— Ouvrez donc ; on vous amène une fille bien belle, bien bonne. Depuis une heure (une demi-heure, suivant le temps écoulé depuis la cérémonie) elle est à vous.

— M'aimera-t-elle ?

— Sans doute.

— Aimera-t-elle son nouveau père ?

— Oui.

— Aimera-t-elle ses nouveaux frères et sœurs ?

— Oui, oui ; elle les aimera tous, et vous aussi, même un peu plus qu'eux.

— Ainsi soit-il ! répond la femme en ouvrant la porte.

Alors apparaît la mère de l'époux ou celle qui la

13

supplée, avec un gros pain et une grande bouteille de vin en main. A côté d'elle sourit un enfant portant un plateau sur lequel brille un verre avec un couteau. La matrone s'empare aussitôt du couteau, divise le pain en deux parties, le présente gravement à la jeune épouse en prononçant ces paroles : « Ma fille, je vous mets le pain en main ; conduisez-vous toujours de manière à ne jamais en manquer. »

Elle remplit ensuite le verre qu'elle offre à sa bru en disant : « Mon enfant, l'homme ne vit pas seulement de pain ; reçois donc cet autre bien du ciel, et fais de manière à ce qu'il y ait toujours de l'un et de l'autre pour vous et pour l'indigent. »

Le jour qu'on se marie, on a le cœur si bon, si généreux ! Deux pauvres qu'un hasard intelligent fait trouver là à propos, reçoivent les présents qui viennent d'être faits à la nouvelle mariée. Alors éclatent les vivats champêtres, accompagnés de battements de mains et des détonations des boîtes et des pistolets. La bonne mère, émue et rajeunie, embrasse et couvre de baisers la nouvelle venue. Le père d'en faire autant ; les beaux-frères et belles-sœurs, neveux et nièces, de s'épanouir de bonheur. La jeune mariée laisse alors éclater sur son visage les sentiments qu'elle avait refoulés dans son cœur, et l'époux de son côté se dépouille de sa modestie d'emprunt.

Cependant la porte se referme, — se referme à double tour, et la clé est remise à la nouvelle mariée, qui se met aussitôt en devoir de rouvrir la porte, et devient ainsi la fille et souvent la maîtresse de la demeure.

Les Gets en 1862 [1].

Aux Gets on se rend généralement à l'église à cheval, pour peu que le trajet soit long ou que le temps soit mauvais. Mais qu'on aille à pied ou à cheval, le cortège est toujours ouvert par deux chevaux conduits en laisse ; l'un est pour le curé, et l'autre pour le vicaire, à qui l'on fait toujours l'honneur d'une galante invitation, et qui de leur côté honorent souvent le repas des noces de leur présence.

L'usage est de faire une légère collation chez la fiancée avant de se rendre à l'église, et de dîner au retour chez le nouveau marié. Les invités, chefs de famille, apportent en venant, qui un jambon, qui du beurre, qui autre chose.

Le dîner consiste en deux services, séparés par un intermède avec danses et tir au pistolet. L'intermède se termine par une danse d'un caractère tout particulier [2]. Une jeune fille entre tout à coup dans la chambre en dansant, les mains sur les hanches et un grand gâteau sur la tête. Après quelques tours, le gâteau passe sur la tête d'autres jeunes filles, jusqu'à ce qu'il commence à s'en aller par morceaux. Alors la cuisinière s'en empare, le partage en plusieurs lots qu'elle dépose devant la jeune mariée qui prend le plus gros morceau pour elle, et distribue le reste à ses compagnes.

---

[1] A proprement parler, ce village n'appartient pas à la vallée de la Dranse. Il se trouve à 1162 d'altitude, presque au sommet du Col des Gets, qui relie la vallée de la Dranse à celle du Giffre, mais par ses usages il appartient plutôt au Haut-Chablais. Le manuscrit relatif aux usages des Gets remonte à l'année 1862.

[2] Cet usage a disparu vers 1840.

Quand celles-ci posent le leur à leur place respective, on se remet à table; c'est le signal du second service.

Les jeunes filles emportent chez elles leur portion.

Le dernier samedi qui précède le jour fixé pour le mariage, le fiancé va recevoir des mains de sa promise un gros bouquet de fleurs artificielles dont il orne son chapeau, le lendemain en se rendant à l'église, le jour des noces et le dimanche suivant. C'est aussi ce jour-là qu'elle distribue des fleurs artificielles à tous les garçons de la noce.

—

Cet usage est tombé en désuétude depuis une vingtaine d'années.

Aujourd'hui (1879) les fleurs sont remplacées par des rubans : le promis en porte un grand nœud à sa boutonnière gauche, et les garçons un petit ruban au bras gauche. Si l'on est en deuil, au lieu d'être rouges, les rubans sont bleus.

La fiancée, à moins d'être veuve ou d'avoir fait parler d'elle, porte une couronne sur la tête, un bouquet au côté gauche et une ceinture de ruban.

Le premier dimanche qui suit le mariage, la belle-mère, accompagnée de toutes les invitées de la noce, conduit la jeune femme à l'église à la place occupée par les parents du mari ; les hommes de leur côté conduisent celui-ci au chœur. Tout le monde est paré comme le jour des noces. Au sortir de l'église, il y a encore un festin à la maison des nouveaux mariés, mais seulement pour les plus proches parents. C'est ce qu'on appelle le *requis*.

Larringes en 1862 [1].

Après la célébration du mariage, on se rend chez le nouveau marié. On trouve sa maison barricadée ; un homme en costume grotesque, armé d'un fusil ou d'un autre instrument, leur en défend l'entrée, disant qu'il ne les connaît pas, que ce sont des vagabonds, des gens sans aveu, etc. Alors l'époux se choisit un avocat pour plaider sa cause. Mais il a beau dire, l'homme fait la sourde oreille. L'avocat le menace ensuite de le faire traduire en justice, de lui intenter un procès ; rien n'y fait. Alors il lui propose de boire une bouteille avec lui et de bien le régaler, ainsi que toute la compagnie. « Ah ! en ce cas, s'écrie notre homme, entrez, entrez, Messieurs ; entrez, entrez, Mesdames ! C'est vraiment un plaisir que d'avoir affaire à des gens si raisonnables. »

En disant ces mots, il se range d'un côté de la porte, l'avocat de l'autre, et la jeune mariée s'avance. Sur le seuil de la porte apparaît tout à coup un petit garçon qui lui présente un plat sur lequel se trouvent une clé et une *poche* [2]. A sa suite veulent entrer son mari et toute la compagnie, mais parfois l'homme au fusil se ravise, et trouve que pour boire une bou-

---

[1] Village de 665 habitants, à 803 mètres d'altitude, à 5 kilomètres au sud-ouest d'Evian-les-Bains.

[2] Le mot *cuiller à pot* est relativement moderne ; autrefois on disait *une louche* ou une *poche*. *Louche* s'employait principalement dans les provinces de l'ouest et du nord, *poche* dans celles de l'est. Aujourd'hui ce dernier est encore très usité dans la Franche-Comté, la Suisse romande et la Savoie. Quoique Littré ne les donne pas comme vieux dans cette acception, il n'en est pas moins vrai que ces mots sont aujourd'hui tombés en désuétude.

teille, c'est assez de trois personnes — de la jeune mariée, de l'avocat et de lui. Arrière donc, la bande ! allez danser ailleurs.

Mais le jeune marié n'entend pas de cette oreille ; il faut qu'il entre, et qu'il entre à tout prix. Pour rien au monde il ne laissera sa femme. Alors toute la compagnie s'ébranle pour prendre la place d'assaut. On se bouscule, on se pousse, on crie, on rit ; enfin le nombre l'emporte, et les convives entrent dans une chambre où un copieux dîner les attend.

Le lendemain, les époux avec toute la compagnie de la veille se rendent à l'église, mais quel contraste! Ils sont habillés de noir, tous en deuil !

Ils vont assister à un service funèbre pour le repos des âmes défuntes des deux maisons qui viennent de contracter alliance.

———

Ce dernier usage subsiste encore (1879) aux Gets, à Saint-Paul, à Morzine et dans quelques autres communes du Haut-Chablais. A Saint-Paul, après le service funèbre, les parents conduisent la nouvelle mariée à la place qu'elle occupera à l'église au milieu d'eux ; de là, ils la conduisent au cimetière pour lui montrer les tombes de leurs ancêtres au milieu desquels elle...

C'est bien ici le cas de dire : Ne rien exagérer est l'affaire du sage.

———

A la Chapelle d'Abondance, il y a une trentaine d'années, aussitôt après la messe on jetait sur les épaules des nouveaux mariés le drap mortuaire, et l'on entonnait le *Libera me !!!*

Au sortir de l'église, la jeune mariée distribuait à toutes les personnes qu'elle rencontrait, une grosse et longue épingle. — Même usage à Châtel.

SÉPULTURES

A part certains cas extraordinaires, toute personne qui a fait sa première communion, est inhumée avant midi. Une grand'messe est la partie essentielle de la cérémonie. Quelque éloignée que soit la maison du mort, tous les parents, amis et voisins, se rendent chez lui pour l'accompagner jusqu'à l'église, et de là jusqu'à sa dernière demeure. Le plus proche parent du défunt conduit les funérailles ; c'est le fils qui fait enterrer son père !... En vain cet usage vous semble-t-il dur et barbare ; essayez de vous soustraire à ce pénible devoir, vous passerez pour être insensible, cruel, sans cœur, sans affection, sans gratitude, etc.

Rien de plus déchirant que le spectacle qu'on a sous les yeux en pareille circonstance. Une douleur muette, comme le sont les grandes douleurs, est presque un scandale dans ces vallées. Il faut des pleurs qui retentissent, des hurlements qui assourdissent; il faut énumérer, amplifier les bienfaits qu'on en a reçus; il faut prendre à témoin de son malheur et le ciel et la terre. Si c'est une femme qui ait perdu son mari ou un enfant chéri, il faut qu'elle dispute leur dépouille mortelle à ceux qui viennent l'enlever, qu'elle fasse mine de vouloir les suivre dans la tombe. La première fois que vos regards attristés voient une pareille scène, vous ne pouvez vous empêcher de verser des larmes et d'en revenir profondément ému; mais la seconde fois, c'est un sentiment de pitié pour ces pauvres gens qui ne savent pas mieux honorer leurs morts. On se tromperait fort si l'on croyait que les habitants de ces montagnes sont dupes de ces démonstrations extravagantes ; ils savent très-bien à quoi s'en tenir, et les apprécient à leur juste valeur ; mais à l'occasion, par respect humain, ils tombent dans le même travers [1].

Après la cérémonie funèbre, les proches et les amis invités reviennent à la demeure du défunt, où les attend un frugal repas d'où sont absolument bannis la viande et le vin [2]. On s'y entretient tristement de la personne qu'on pleure, de ses bonnes qualités et de ses bonnes actions. Si c'est un père, une mère ou une personne âgée, on recommande à leurs descendants de ne pas oublier leurs exemples.

Le repas terminé, l'assistance tombe à genoux ; on récite un *De profundis,* un chapelet ou une autre prière pour le repos de l'âme du trépassé. Tout est fini, vous direz-vous en vous-même. Vous êtes dans l'erreur.

Tout à coup on entend un sourd murmure ; on dirait le bruit des pas de gens qui vont et viennent, on dirait des voix de tout âge qui se confondent.

---

[1] On pourrait croire, d'après cette relation, que ces scènes n'avaient lieu que dans la demeure du défunt, au moment qu'on allait l'emporter pour jamais loin du toit qui l'avait vu naître et grandir. Mais il est probable que ces bruyantes démonstrations n'avaient pas seulement lieu, comme on pourrait dire, à huis clos, mais qu'elles se reproduisaient encore avec plus de force dans l'église même, au moment que finissait le service funèbre, puisqu'il en était encore ainsi dans un village du Haut-Chablais, il y a quelques années !

[2] De même aux Gets. On n'y sert que de la soupe aux fèves ou aux pois et un plat de riz.

Regardez sous les fenêtres. Vous verrez circuler
une foule considérable de gens, les uns assez bien mis,
les autres en guenilles, tous munis d'un vase appelé
toupin [1]. Peu à peu l'attroupement se trouve sur deux
lignes parallèles, assis sur des bancs rustiques im-
provisés. Ce sont les pauvres et les non pauvres
de la commune et des environs qui viennent à *la
fête* [2]. Une fête chez un mort? direz-vous. Oui ; un
peu de patience, et vous saurez tout.

Voyez cet homme grave, aux cheveux blancs, au
milieu de deux autres qui ont un air non moins grave
que lui. C'est le nestor du village, le maire, ou syndic,
peut-être, et les deux autres sont ses aides, tous per-
sonnages des plus influents de l'endroit. Ils se mettent
à la tête d'une longue table sur laquelle sont placées
deux ou trois piles de pains d'un pied de diamètre et de
deux pouces d'épaisseur ; à côté des pains une énorme
corbeille pleine de fromage découpé ; enfin un immense
seau rempli de soupe. A un signal donné, le défilé
commence. Chaque pauvre et non pauvre s'avance
avec son toupin en main, va d'abord vers le vieillard
qui lui donne la moitié d'un pain, puis vers un de ses
adjoints, qui lui remet un gros morceau de fromage,
enfin vers l'autre qui lui remplit son pot de soupe.

Même distribution, le jour anniversaire de la mort,

---

[1] *Toupin topin, tupin* ont eu cours dans le français jusqu'à la fin du xvi^e
siècle. Ce mot nous est venu de l'allemand *Topf*, pot. On le rencontre
dans des actes du xiiie siècle sous la forme de *tupinus*.

[2] Dans la vallée de Thônes, on dit indifféremment *Allâr à la fêta* ou
à la danna. Cet usage, qu'on nomme *dône, donna* ou *danna* selon les localités, se trouve mentionné dans un testament fait à Moûtiers, en
1270 : *Item volumus quod omnibus pauperibus qui interfuerint, fiat* dona
cum pane et case. (Mém. de l'Acad. de Savoie, Documents, vol. IIe, p. 413.)

mais ceux qui participent à la *fête,* sont tenus de prier pour le défunt.

ETAT DES FAMILLES

Chaque famille. est généralement composée d'un grand nombre d'individus ; par exemple, dans une commune on compte plus de trente familles, dans chacune desquelles il y a sous le même toit, et mangent à la même table plus de vingt personnes, sans compter les domestiques et les servantes, qui sont toujours traités comme gens de la maison. Dans une famille, entre autres, il y a père, mère avec leurs trois fils mariés et quatre de leurs filles ; le cadet est déjà père d'un enfant, le second de trois, et l'aîné de cinq : l'aîné de ces cinq est également marié et père de deux enfants. En tout vingt-quatre personnes.

·Ces familles patriarcales ne connaissent qu'une seule volonté, celle du vieux père ou, en son absence, celle de son fils aîné. Il est l'âme et la providence de tous ; on lui rend compte de tout. Le produit des travaux et de l'industrie personnelle de chacun vient grossir le petit trésor commun dont le chef de famille a seul la clé. C'est lui qui pourvoit aux besoins de tous. Y a-t-il un excédant de recette sur les dépenses, il l'emploie à l'amélioration des terres, à l'acquisition de nouvelles propriétés ou à l'augmentation des fonds spécialement affectés à la dotation des filles.

La nécessité d'en venir à des séparations y est envisagée comme la ruine des familles et la source de mille maux.

TABLE DES MATIÈRES

————∿∿∿∿∿∿————

(Extrait de la *Revue savoisienne*.)

www.ingramcontent.com/pod-product-compliance
Lightning Source LLC
Chambersburg PA
CBHW070847030726
47504CB00005B/1244